# BRIGHTON
# THE VEGAN CAPITAL

Anna
Plumbaum

# BRIGHTON THE VEGAN CAPITAL

Rezepte und Geschichten
aus der Welthauptstadt der veganen Küche

CHRISTIAN

# INHALT

# VORWORT

## Auf in die vegane Welthauptstadt!

Eine der wichtigsten Fragen bei der Reiseplanung: Kann mich das Land oder die Stadt auch kulinarisch begeistern? Großbritannien als Ziel für Feinschmecker stand bisher jedenfalls nicht oben auf meiner Liste. Doch als Brighton zur »vegan capital« gekürt wurde, machte mich das neugierig. Kurzerhand packte ich meinen Rucksack und reiste mit zwei Freunden in die hübsche Stadt an der englischen Südküste, um ihre Stimmung und die kulinarische Szene kennenzulernen.

Doch was macht die Auszeichnung zur »veganen Welthauptstadt« überhaupt aus? In den Jahren zuvor freuten sich Portland und Bristol bereits über diesen Titel. Gekürt wird die »vegan capital« vom »Chef's Pencil«, einem internationalen Food-Magazin, das als Kriterien für die Auszeichnung vor allem Google-Trends auswertet. Besonders ausschlaggebend ist die hohe Anzahl vegan-freundlicher Restaurants pro Einwohner, und so holte sich 2022 erstmals Brighton den Titel.

So viel vorweg: Die Vielfalt und die Vielzahl an Cafés, Restaurants, Imbissen, Pubs und Bars auf einer vergleichsweise kleinen Fläche fand ich schon beeindruckend in Brighton. Getoppt wurde dies durch die Offenheit der Menschen und die Kreativität, die hinter jeder Ecke lauert. Heißt: Es gibt traditionelle Pubs, die ausschließlich vegane Leckereien auftischen, Top-Adressen für »plant-based« Fine-Dining, vegane Fish & Chips, und selbst das Lokal, das sich auf Chicken-Wings spezialisiert, bietet ein ebenso umfangreiches veganes Angebot. Inspiriert von dieser Schlemmerreise sind auch die Rezepte in diesem Buch: Neben britischen Klassikern zeige ich euch moderne Interpretationen der internationalen veganen Küche, wie man sie in Brighton findet – mal mit mediterranem oder asiatischem Einschlag oder einfach kunterbunt kombiniert.

Kommt mit auf eine Reise durch die kreativen Küchen Brightons und lernt die quirlige Food-Szene der Stadt besser kennen. Und wer weiß, vielleicht können euch die Rezepte und Geschichten in diesem Buch zu einer baldigen Großbritannien-Reise inspirieren? Viel Freude beim Stöbern und Ausprobieren der Rezepte!

Anna Plumbaum

TALISKER
Peat

# ENTDECKUNGS- UND SCHLEMMERTOUR DURCH BRIGHTON

Wer nach Brighton reist, tut dies zumeist im Rahmen eines Tagesausflugs. Den beliebten Urlaubsort in der englischen Grafschaft East Sussex nennt man auch liebevoll die »Badewanne Londons«. In nur einer Stunde mit der Bahn erreicht ihr nämlich von der englischen Metropole aus das größte Seebad Englands. Die Londonerinnen und Londoner selbst zieht es am Wochenende häufig in die Küstenstadt – zum Vergnügen, Flanieren, für die frische Seeluft und natürlich zum Schlemmen. Tatsächlich schafft man die Highlights der Stadt an rund zwei Tagen: etwas am Meer entspannen mit einem Eis oder Fish & Chips zur Stärkung, den pompösen Royal Pavillon erkunden, durch die Lanes schlendern, Street-Art bewundern oder sich einfach treiben lassen. Abends am bunt erleuchteten Palace Pier entlangspazieren und schließlich in einem Pub oder einer der vielen kleinen Bars versacken. Und bevor es am nächsten Tag zurückgeht, lässt man es sich bei einem ausgiebigen Brunch in einem der vielen Cafés gut gehen. Eventuell geht es dann noch mal mit der historischen elektrischen Bahn zum »Brighton Marina«, um etwas Hafenluft zu schnuppern, oder hoch auf den Aussichtsturm am Brighton Beach. Wer mehr Zeit mitbringt, legt noch einen Wanderausflug zu den Kreidefelsen »Seven Sisters« ein, einer Kliffküste unweit von Brighton.

Doch wer die vielen Optionen an veganen Leckereien in vollen Zügen auskosten möchte, müsste schon in Brighton selbst leben oder wenigstens einige Monate dort verweilen. Denn wie ein freundlicher Kellner uns bei unserem Vorhaben, die vegane Küche Brightons kennenzulernen, sagte: »Oh, as a vegan you get really spoiled here!« Was leider wahr ist: Man schafft es als Tourist einfach nicht, einen umfassenden Einblick in das riesige kulinarische Angebot Brightons zu gewinnen. Und auch wenn ich mich eine Woche lang durch die Küchen der Küstenstadt schlemmen durfte, habe ich mit Sicherheit viele leckere Entdeckungen verpasst. Daher sind meine Empfehlungen und Vorstellungen der Cafés, Restaurants und Bars sowie der Menschen dahinter nur ein kleiner persönlicher Einblick in

die bunte Vielfalt der Stadt. Laut dem Restaurantfinder »Happy Cow« gibt es in Brighton nämlich nicht weniger als 265 vegan-freundliche Lokale, die es zu erkunden gilt (Stand Mai 2023)!

Rund 277.000 Menschen leben in Brighton, und neun Millionen Touristen zählte das Seebad im Jahr 2020. Historisch gesehen war der Ort einst ein beschauliches Fischerdorf. König Georg IV. ließ zwischen 1815 und 1822 dort den Royal Pavillon erbauen, der von außen ein wenig an indische Paläste erinnert und einen Mix aus verschiedenen Stilrichtungen aufweist. Dabei diente der pompöse Bau lediglich als königliche Sommerresidenz. Ende des 19. Jahrhunderts kamen die beiden prächtigen Holz-Piers hinzu – an den verbrannten West-Pier erinnern heute jedoch nur noch Überreste der Stahlkonstruktion, die aus dem Meer herausragen. Seither war Brighton ein beliebtes und mondänes Seebad. Heute ist die Stadt ein Mix aus Alt und Neu – viele bunte Kunstwerke zieren die Hausfassaden. Die berühmten »Kissing Coppers« des Street-Art-Künstlers Banksy findet man neben den vielen Werken vom lokalen Künstler-Duo »The Postman«, das vor allem Ikonen der Pop-Kultur in leuchtenden Farben an die Wände bringt. Ein ebenfalls neueres Highlight der Stadt ist das »British Airways i360« – ein etwa 137 Meter hoher Aussichtsturm direkt an der Küste. Mit einem XXL-Aufzug samt Panorama-Fensterfront gelangt ihr hier nach ganz oben und könnt das Erlebnis und die Aussicht bei einem Glas britischen Sekts genießen.

Allgemein herrscht in Brighton eine lockere und offene Atmosphäre, was nicht zuletzt an den Bewohnern selbst liegt. Mit der Zeit hat sich die Stadt nämlich nicht nur zum Food-Mekka gemausert, sondern gilt auch als die queer-freundlichste Stadt Großbritanniens und lockt ein ebenso buntes Publikum an. Das entspannte Seebad bietet für viele Menschen genau die richtige Mischung aus Erholung, Zeitvertreib und natürlich spannender Kulinarik.

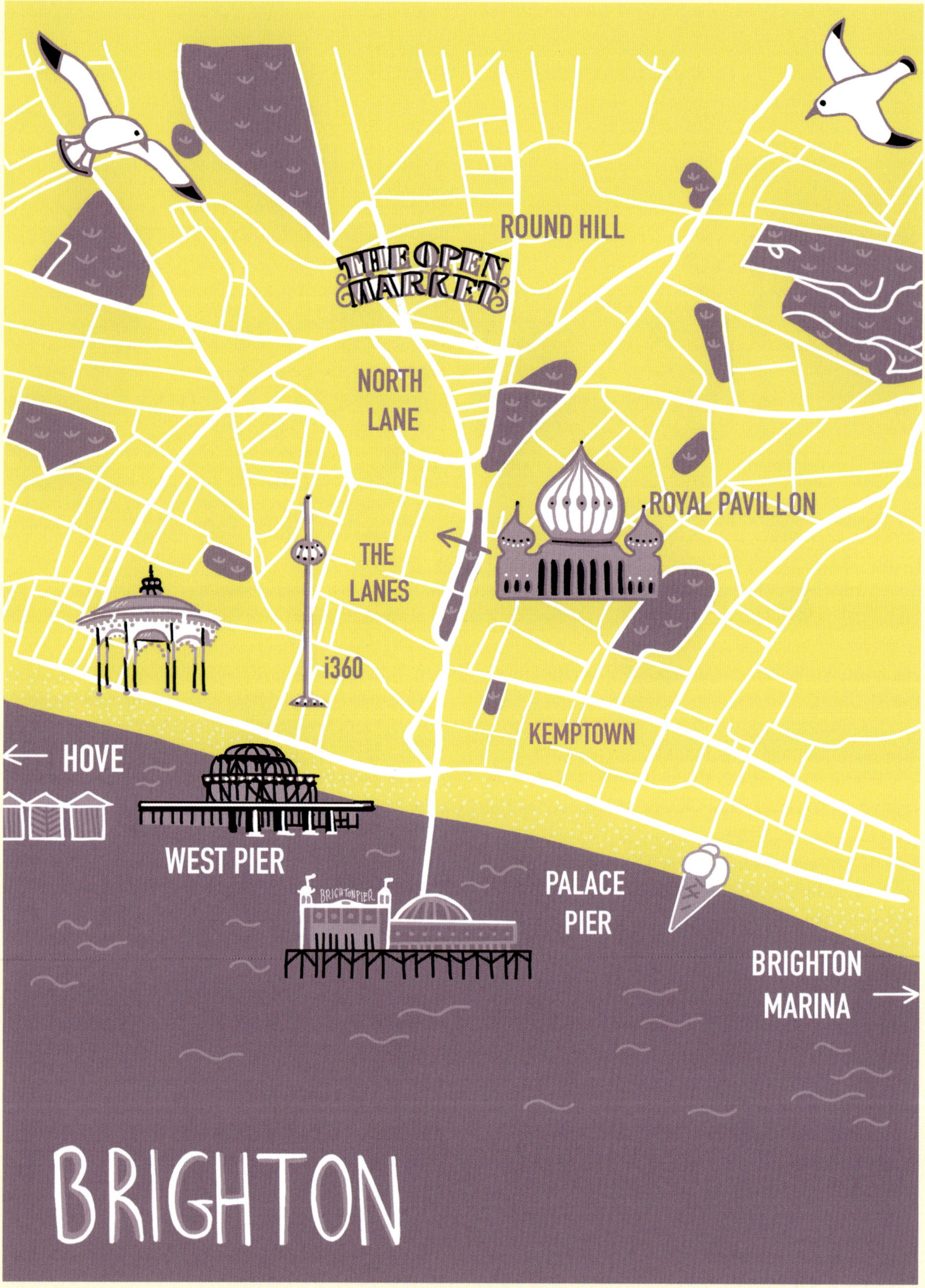
ROUND HILL
THE OPEN MARKET
NORTH LANE
ROYAL PAVILLON
THE LANES
i360
KEMPTOWN
HOVE
WEST PIER
BRIGHTON PIER
PALACE PIER
BRIGHTON MARINA
BRIGHTON

## Vegan Weekend in Brighton

Im Folgenden präsentiere ich euch meine Tipps, was ihr an einem langen Wochenende in Brighton erleben und schlemmen könnt. Tatsächlich würde ich jedoch empfehlen, nicht von Freitag bis Sonntag in der Stadt zu verweilen, da es sehr voll werden kann – vor allem an schönen Sommertagen. Kommt am besten am Mittwoch und bleibt bis Freitag, wenn es eure Planung erlaubt.

**Tag 1** Beginnt am besten direkt mit einem Strandspaziergang nachmittags und genießt den Sonnenuntergang vom »Palace Pier« aus, wenn es das Wetter zulässt. Die Seebrücke aus Holz ist ganze 525 Meter lang und wurde bereits 1899 erbaut. Abends geht es zu »Purezza«: Hier gibt es ausschließlich vegane Pizzen – der selbst hergestellte pflanzliche Käse dafür ist sensationell gut! Anschließend spaziert ihr weiter zu »The Plotting Parlour«, einer besonders gemütlichen Bar, in der kreative Drinks kredenzt werden. Einer der Gäste-Favoriten: »Tumi«, ein rauchig-süßer Cocktail mit Mezcal, Pisco und Schokoladen-Ganache.

**Tag 2** Startet den Tag entspannt im Viertel »The Lanes« bei »17 Grams«. Das kleine Café ist super zentral gelegen, die Außenfassade ziert ein riesiges Alice-in-Wonderland-Graffito. Obwohl es drumherum trubelig zugeht, ist es in dem kleinen Café sehr entspannt, und das vegane »Full Breakfast« dort war das beste, das ich auf meiner Reise probieren durfte. Gestärkt könnt ihr nun etwas am Kiesstrand entlangschlendern und euch durch die verwinkelten Gassen der Lanes treiben lassen. Eine tolle Adresse, ebenfalls in den Lanes, um mittags ein paar kleine Köstlichkeiten zu probieren, ist »The Flint House«. Hier werden kleine Portionen zum Teilen kredenzt, und das auf gehobenem Niveau. Zwar ist nicht alles vegan, die Speisekarte bietet aber viele tolle Optionen. Wer Streetfood bevorzugt, findet in den Lanes gleich zwei vegane Burgerläden: »The Vurger Co« und »Oowee«. Am Nachmittag bietet sich ein Spaziergang in der Gegend »North Laine« an – hier tummeln sich kleine Secondhand-Boutiquen sowie Platten-, Buch- und Comicläden, die es zu erkunden gilt. Wer eine süße Stärkung sucht, findet bei »Down to Earth Coffee« perfekte vegane Donuts und bei »Bird & Blend« Tee to go. Abends könnt ihr schließlich bei »Bonsai Plant Kitchen« super lecker vegan speisen – in dem kleinen Restaurant erwartet euch eine feine asiatische Fusion-Küche. Leckere Cocktails gibt es hier ebenfalls. Ausklingen lässt sich der Tag am besten in einem Pub. »The Joker« bietet eine schöne Atmosphäre, eine große Getränkeauswahl – und wer noch einen Snack wünscht, kann vegane Chicken-Wings von »Lost Boys Land« zum Drink bestellen.

**Tag 3** Am letzten Tag habt ihr die Wahl zwischen einem ausgiebigen Brunch bei »Starfish & Coffee« im Viertel »Kemptown« oder einem unkomplizierten veganen Croissant oder Pain au chocolat mit einem heißen Getränk von »The Flour Pot« am Brighton Beach. Bei hoffentlich sonnigem Wetter könnt ihr anschließend entlang der bunten Strandhäuser an der Promenade in »Hove« flanieren, euch die Ruinen des alten West-Pier anschauen und vielleicht auch die Aussicht vom »i360« genießen. Zur Stärkung zwischendurch locken Fish & Chips. Besonders leckere vegane Versionen findet ihr bei »The No Catch Co.«. Wer es etwas gesünder mag, holt sich stattdessen bei »Happy Maki« einen veganen Sushi-Burrito to go. Den Nachmittag verbringt ihr entweder relaxed am Strand oder ihr unternehmt eine kleine Fahrt mit der historischen Bahn »Volk's Electric Railway« zum Hafenviertel »Brighton Marina«. Sollte es regnen, bietet sich ein Besuch des Royal Pavillon an. Zum letzten Dinner in Brighton empfehle ich euch, indisch essen zu gehen, entweder bei »Manju's« oder bei »The Chilli Pickle« – in beiden Restaurants wird auf hohem Niveau und schön würzig gekocht. Wenn die Zeit noch reicht, könnt ihr euch noch einen Abschiedsdrink bei »The Golden Pineapple« genehmigen, bevor eure Reise außerhalb von Brighton weitergeht oder ihr die Heimfahrt antretet.

**Tipp:** Wer spontan nach Brighton reist, kann sich einer organisierten »vegan food tour« anschließen. In rund drei Stunden probiert ihr in einer kleinen Gruppe verschiedene vegane Leckereien und erfahrt nebenbei Interessantes zur Stadt und ihrer kulinarischen Szene.

# BEVOR ES LOSGEHT

## Hinweise zu den Rezepten & Informationen

**Backofen-Einstellung:** Bei den Backrezepten auf den folgenden Seiten ist immer die Einstellung auf Ober- und Unterhitze gemeint sowie der Einschub des Backbleches auf mittlerer Schiene, soweit nicht anders angegeben.

**Pflanzliche Ersatzprodukte:** Pflanzliche Milch nenne ich oft Nussmilch, Mandelmilch etc. Auch vegane Käsealternativen bezeichne ich als »Käse« – einfachheitshalber. In der Industrie ist das tatsächlich nicht immer erlaubt. »Milch« darf sich zum Beispiel nur Kokosmilch auf der Verpackung nennen, alles andere heißt hierzulande meistens »Drink«. Ebenso heißen Sahne-Ersatzprodukte im Supermarkt oft »Creme« oder »Cuisine«.

**Infos zu Restaurants:** Die angegebenen Adressen für vegan-freundliche Lokale in Brighton stammen vom Mai 2023 – solltet ihr selbst nach Brighton reisen, überprüft diese bitte vorab, denn auch die dortige Food-Szene unterliegt einem steten Wandel.

## Vegan Basics

**Ei-Ersatz:** In einigen Rezepten, wie der veganen Mayo (Seite 89), der Schokomousse (Seite 118) oder dem veganen Eischnee für die Sour-Cocktails (Seite 167), verwende ich »Aquafaba«, womit das Einweichwasser von Kichererbsen aus dem Glas oder aus der Dose gemeint ist. Wer noch nicht damit gekocht und gebacken hat: Keine Sorge, es schmeckt ganz neutral und gar nicht »erbsig«, dafür lässt es sich wie Eiweiß fluffig aufschlagen und vielseitig in der veganen Küche verwenden. Wer in Kuchen und Co. Eier ersetzen will, greift am besten zu Kichererbsen- oder Sojamehl, das man mit etwas Wasser glattrührt. Ebenso geeignet sind je nach Rezept Speisestärke, eingeweichte Leinsamen, etwas Apfelmus oder vegane Mayo als Ei-Ersatz im Teig. Backpulver sowie Natron mit etwas Essig sorgen zudem für mehr Fluffigkeit in Pfannkuchen oder Muffins. Wer in Rezepten, wie zum Beispiel Rührtofu, einen Hauch von Ei-Aroma haben möchte, greift zum indischen Schwefelsalz »Kala Namak«.

**Milch-Alternativen:** Pflanzliche Milch besteht oft aus Nüssen wie Haselnüssen, aus Getreide wie Hafer oder aus Hülsenfrüchten wie Erbsen oder Soja. Wer im Kaffee- oder Tee-Latte feinen Schaum wünscht, greift zu speziellen Barista-Produkten oder Sojamilch. Durch ihren besonders hohen Fettgehalt ist auch Kokosmilch sehr beliebt in der veganen Küche. Joghurt- und Käsealternativen bestehen oft aus eingeweichten und pürierten Nüssen, wie der nussige Frischkäse (Seite 25) oder der Cashew-Mozzarella (Seite 26). Anstelle von Quark eignet sich auch Seidentofu super. Und statt Sahne findet ihr im Handel ebenso vegane Alternativen – zum Beispiel aus Soja oder Hafer, die ihr zum Verfeinern von Speisen verwenden könnt. Oder ihr nehmt helles Mus aus Mandeln, Sesam oder Cashewkernen und vermischt es mit etwas Wasser. Einige Produkte sind auch zum Aufschlagen geeignet, ebenso wie besonders fettreiche Kokosmilch. Statt Butter gibt es vegane Margarine aus Pflanzenfetten.

**Honig-Ersatz:** Wer statt Honig ein typisch britisches Pendant sucht, greift zu »Golden Syrup«, einem karamelligen Zuckersirup. Ansonsten passt der neutral süße Agavendicksaft gut, der malzige Ahornsirup oder der klimafreundlichere Dicksaft aus Äpfeln oder Birnen. Für eine orientalische Note verwende ich zudem gerne Dattel- und Granatapfelsirup.

**Statt Fleisch & Fisch:** Für mehr Biss und die Portion Eiweiß in veganen Gerichten sorgen Seitan (Seite 39), Tofu, Tempeh und texturiertes Soja, wie beispielsweise Sojagranulat bzw. Sojaschnetzel, und Hülsenfrüchte, wie Linsen, Bohnen, Erbsen und Kichererbsen. Doch auch Pilze sind ein leckerer Fleisch- und Fisch-Ersatz, und Gemüse kann ebenso überraschen: Auberginen oder Chicorée beispielsweise schmecken paniert oder im Backteig oft noch spannender als tierische Produkte.

**Umami:** Nach süß, salzig, sauer und bitter nennt man Umami oft auch die fünfte Geschmacksrichtung. Damit gemeint sind Aromen, die für einen vollmundigen Geschmack sorgen. In der pflanzenbasierten Küche sorgen dafür Lebensmittel wie Sojasauce, Misopaste, Senf, Tomatenmark, getrocknete Tomaten, getrocknete Pilze, geräuchertes Paprikapulver, Rauchsalz oder Flüssigrauch sowie Algen oder Hefeflocken.

# KLEINE FOOD-MANUFAKTUR

AWARD WINNING VEGAN FUDGE

# VEGANE LEBENSMITTEL »MADE IN BRIGHTON«

Nussmilch, Seitan-Würstchen und vegane Käsealternativen kann man mittlerweile in guter Qualität in vielen Supermärkten kaufen. Vor Ort in Brighton bietet sich die Gelegenheit, durch mehrere Lebensmittelshops zu stöbern, die die Vielfalt an pflanzlichen Leckereien zelebrieren, wie das »Kindly!«, »Hisbe« oder »Infinity Foods«. Der letztere Laden befindet sich zentral in Brightons »North Laine« und lockt mit einem besonders bunten Produktsortiment inklusive eigener Bio-Bäckerei, in der neben traditionellem Sauerteigbrot auch glutenfreies Gebäck Platz findet oder vegane »Sausage Rolls« angeboten werden.

Lokale Produzenten und kleine Manufakturen aus Brighton und den umliegenden Ortschaften spezialisieren sich immer häufiger auf die Herstellung veganer Köstlichkeiten. Sie beliefern nicht nur Supermärkte, sondern auch ausgewählte Cafés und Restaurants in Brighton mit ihren besonderen Lebensmitteln oder haben sogar eigene kleine Shops zum Kennenlernen der Produkte. Oder sie präsentieren ihre Neuheiten samstags auf dem »Open Market« in Brighton, wie die aus Argentinien stammende Cintia von »My Vegan Dulce De Leche«. Sie bietet köstliche Kokos-Karamellcreme an, die dem südamerikanischen milchigen Original sehr nahe kommt.

Wer durch die Lebensmittelgeschäfte schlendert, wird auch über vegane Trüffelmayo und Co. von »BeSaucy« stolpern – die Geschwister Ezda, Dashal und Chan haben ihr kleines Saucen-Business 2016 in Brighton gegründet. In der Küstenstadt fand ebenfalls »Purezza« ihren Anfang, eine nun landesweit beliebte vegane Pizzakette, die vor allem durch ihren pflanzlichen und schön schmelzenden Mozzarella bekannt geworden ist, den man in einigen Supermärkten Brightons kaufen kann.

Ihr wollt asiatische Leckereien »made in Brighton« probieren? Wie wäre es mit »Tohu« von »Fu Fighters«. Hinter dem Label steckt unter anderem eine aus Myanmar stammende Köchin, die das Rezept ihrer Mutter Su Su für Kichererbsen-Tofu nach Brighton gebracht hat. Ein tolles Mitbringsel sind auch pikantes Mango-Chutney, Lemon-Pickle oder Date-Tamarind-Chutney von »Manju's«. In der Küche des familiengeführten indischen Restaurants steht immer noch die mittlerweile 86-jährige Manju, die aus dem indischen Bundesstaat Gujarat stammt, am Herd.

Schließlich lässt es sich auch mit lokalen Getränken in Brighton gut anstoßen. In der »Old Tree Brewery« hat sich das kleine Team auf die Herstellung von Kombucha spezialisiert. Das fermentierte Getränk gibt es zum Beispiel an der Refill-Bar im »Hisbe«-Supermarkt zum Zapfen in mitgebrachte Flaschen. Hochprozentiges findet ihr hingegen im Stadtteil »Portslade«. Bei einer Distillery-Tour könnt ihr erfahren, wie Charly und ihr Team den beliebten »Brighton-Gin« brauen, der in vielen Bars der Stadt zum Mixen von Drinks zum Einsatz kommt.

Von den bunten Lebensmittel-Manufakturen Brightons ist schließlich auch das folgende Kapitel inspiriert und zeigt Rezepte für Nussmilch, pflanzlichen Mozzarella oder Seitan-Würstchen – Produkte, die ihr prinzipiell fertig kaufen oder in eurer privaten Küchenmanufaktur selbst zaubern könnt.

# NUSSMILCH-TRIO

Pflanzliche »Milch« aus Nüssen oder Kernen selbst zu machen, ist ganz einfach und schmeckt noch mal besser als die gekauften Varianten. Ein weiteres Plus: Die Drinks lassen sich mit Gewürzen verfeinern. Ich zeige euch das Grundrezept aus Mandeln (es funktioniert jedoch mit allen Arten von Kernen oder Nüssen), eine orientalisch gewürzte Pistazienmilch und einen süßen Schokodrink mit Zimt und Vanille. Für die Herstellung lohnt sich die Anschaffung eines Nussmilchbeutels, aber ein feines Mulltuch eignet sich auch.

## KLASSISCHE MANDELMILCH

FÜR 1 L MANDELMILCH

Zubereitungszeit: etwa 10 Minuten plus 8 Stunden Wartezeit

*200 g ungeschälte Mandelkerne*

Die Mandeln mindestens über Nacht in einer abgedeckten Schüssel mit reichlich Wasser bei Zimmertemperatur einweichen lassen. Anschließend in einem Sieb abtropfen lassen und in einen Mixbehälter mit 1 l frischem Wasser geben. Alles fein mixen bzw. pürieren.

Ein Sieb mit einem Nussmilchbeutel oder Mulltuch auslegen und die Mandelmilch durchseihen. Den Beutel mit dem Mandelinhalt vorsichtig mehrmals ausdrücken. Die fertige Mandelmilch in eine passende Flasche abfüllen und kühl stellen.

**Tipp:** Die Mandelmilch hält sich im Kühlschrank bis zu einer Woche frisch. Vor dem Gebrauch gut durchrühren oder schütteln.

## PISTAZIENMILCH MIT ROSE UND KARDAMOM

FÜR 250 ML PISTAZIENMILCH
Zubereitungszeit: etwa 5 Minuten plus 8 Stunden Wartezeit

*50 g ungesalzene, geschälte Pistazienkerne*
*1–2 TL Rosenblütenwasser*
*2 Prisen gemahlener Kardamom*
*1–2 TL Dattelsirup (optional)*

Die Pistazien in einer abgedeckten Schüssel mit reichlich Wasser mindestens über Nacht einweichen lassen. Anschließend im Sieb abtropfen lassen und in einen Mixbehälter mit 250 ml frischem Wasser geben. Alles fein mixen bzw. pürieren.

Ein Sieb mit einem Nussmilchbeutel oder Mulltuch auslegen und die Pistazienmilch durchseihen. Die Pistazienreste im Beutel vorsichtig ausdrücken (siehe Tipp). Die Pistazienmilch mit dem Rosenblütenwasser und dem Kardamom vermischen und auf Wunsch mit dem Dattelsirup süßen. In ein passendes Fläschchen oder Schraubglas füllen und mindestens 2 Stunden kühl stellen. Gekühlt servieren.

**Tipp:** Die trockenen Reste der Mandel- bzw. Pistazienkerne am besten aufbewahren und zum Beispiel zum Backen verwenden oder ins Müsli rühren.

## WÜRZIGE SCHOKO-MANDELMILCH

FÜR 500 ML SCHOKO-MANDELMILCH
Zubereitungszeit: etwa 5 Minuten

*500 ml gekühlte Mandelmilch (Seite 20)*
*2–3 EL Backkakao*
*1 Prise Bourbon-Vanillepulver*
*½ TL gemahlener Zimt*
*1–2 EL Dattelsirup*

Die Mandelmilch mit dem Kakao, dem Vanillepulver und dem Zimt in einen Mixbehälter geben und kurz mit dem Stabmixer pürieren. Mit dem Dattelsirup süßen und gekühlt servieren.

**Tipp:** Die Menge reicht für zwei Gläser à etwa 250 ml. An heißen Tagen kann man die Schokomilch zusätzlich mit Eiswürfeln servieren.

BRIGHTON PIER

# NUSSIGER FRISCHKÄSE

Veganen Frischkäse-Ersatz könnt ihr ganz einfach aus Nüssen und pflanzlichem Joghurt mixen. Er schmeckt besonders gut auf dem Frühstücksbagel oder selbst gebackenem Brot (Seite 35), als Füllung für Kichererbsen-Omeletts (Seite 58), als Topping für Scones (Seite 111) oder als Basis für das Frosting zum Carrot Cake (Seite 121).

FÜR ETWA 600 G FRISCHKÄSE

Zubereitungszeit: etwa 15 Minuten plus 8 Stunden Wartezeit

- *200 g Cashewkerne*
- *150 g blanchierte Mandelkerne*
- *250 g Kokosjoghurt (oder anderer pflanzlicher Joghurt)*
- *1 EL Zitronensaft*
- *1 EL Apfelessig*
- *1 Prise Salz*
- *1 TL Hefeflocken (optional, siehe Tipp)*

Die Cashew- und die Mandelkerne über Nacht in einer Schüssel mit reichlich Wasser einweichen. Anschließend durch ein Sieb abgießen, kalt abbrausen und in einen Mixbehälter geben. Den Joghurt, den Zitronensaft und den Apfelessig zugeben, mit Salz und nach Wunsch mit Hefeflocken würzen und alles im Standmixer oder mit dem Stabmixer so fein wie möglich mixen bzw. pürieren (siehe Tipp). Bis zur Verwendung abgedeckt kühl stellen.

TIPPS:

In einem Hochleistungs-Standmixer ist der vegane Frischkäsemix in etwa 5 Minuten fertig. Mit einem Stabmixer benötigt man mehrere Pürierdurchgänge, bis das Ergebnis cremig wird – jedoch werden auch dann vermutlich noch Nusskrümelchen sichtbar und spürbar sein: Das ist geschmacklich gar nicht schlimm – in dem Fall erinnert der Frischkäse etwas an Ricotta.

Die Hefeflocken sorgen für ein kräftigeres bzw. käsiges Aroma. Wird der Käse für herzhafte Rezepte verwendet, ist das ideal – in dem Fall könnt ihr die Menge nach Gusto auch auf bis zu 1 EL erhöhen. Wer mit dem Frischkäse hingegen ein Kuchen-Frosting zubereiten möchte, sollte auf die würzigen Flocken lieber verzichten.

# CASHEW-MOZZARELLA

Die Pizzeria »Purezza« in Brighton ist bekannt für ihren selbst gemachten und schmelzenden veganen Mozzarella. Meine Version gelingt daheim einfach und mit nur wenigen Zutaten. Passt klassisch zum sommerlichen Tomatensalat oder einer winterlichen Variante mit Roter Bete (Seite 58). Ein weiterer Pluspunkt: Der Cashew-Käse zerläuft sogar ein wenig und eignet sich daher auch gut für Toasties (Seite 57) oder auf der Lieblingspizza (Seite 144).

FÜR ETWA 400 G CASHEW-MOZZARELLA
Zubereitungszeit: etwa 25 Minuten plus 32 Stunden Wartezeit

- *100 g Cashewkerne*
- *200 g ungesüßter Sojajoghurt (oder anderer pflanzlicher Joghurt)*
- *1 TL Salz*
- *1 EL Zitronensaft*
- *25 g Tapiokastärke*
- *2 gestr. TL Agar-Agar (etwa 6 g)*

AUSSERDEM

- *Eiswürfel*

Die Cashewkerne in einer Schüssel mit reichlich Wasser über Nacht einweichen lassen. Anschließend durch ein Sieb abgießen und kalt abbrausen. Mit dem Sojajoghurt und dem Salz in eine Rührschüssel geben und mit dem Stabmixer so fein wie möglich pürieren. 50 ml Wasser sowie den Zitronensaft zugeben und noch mal kurz zu einer homogenen, recht flüssigen Masse pürieren. Die Cashewmischung abgedeckt bei Zimmertemperatur etwa 24 Stunden ruhen bzw. reifen lassen.

Sobald die Cashewmischung leicht säuerlich riecht, die Tapiokastärke gleichmäßig unterrühren. Den Agar-Agar in einem Topf mit 100 ml Wasser auflösen, bei mittlerer Temperatur aufkochen und etwa 2 Minuten unter Rühren kochen lassen. Die Cashewmischung zügig zugeben und gut mit der Agar-Agar-Flüssigkeit vermischen. Unter ständigem Rühren 5–10 Minuten kochen, bis die Mischung sich zu einer festen, zähen Masse verbindet und sich beim Rühren zum Teil vom Topfboden löst.

Eine große Schüssel mit Wasser und Eiswürfeln bereitstellen. Aus der Cashewmasse mithilfe eines Eisportionierers und eines Esslöffels Bällchen bzw. Stücke entnehmen und ins Eiswasser gleiten lassen. Den Cashew-Mozzarella etwa 30 Minuten im Eiswasser ruhen lassen. Anschließend nach Wunsch zubereiten oder in Salzlake einlegen (siehe Tipp).

TIPPS:

Der Cashew-Mozzarella hält sich in Salzlake eingelegt im Kühlschrank bis zu 1 Woche. Dafür etwa 1 TL Salz mit 500 ml Wasser vermischen und die Bällchen darin einlegen – entweder abgedeckt in einer Schüssel oder portionsweise in Schraubgläser gefüllt. Auch lecker: Den Cashewkäse über Nacht in einer Mischung aus Olivenöl und frischen oder getrockneten italienischen Kräutern und etwas Meersalz marinieren.

Der vegane Käse hat einen milden, leicht säuerlichen und fein nussigen Geschmack. Wer es aromatischer mag, gibt mit der Tapiokastärke zusätzlich 1 EL Hefeflocken sowie je ½ TL granulierten Knoblauch und granulierte Zwiebeln dazu.

# AROMA-TOPPINGS

Mit Toppings, egal, ob japanisch, orientalisch oder mediterran, kann man jedem noch so simplen Gericht ein Aroma-Krönchen aufsetzen und für mehr Textur sorgen – und sie lassen sich gut auf Vorrat zubereiten!

## ZITRONIGES PETERSILIENPESTO

Passt toll als frisches Topping für das deftige englische »Full Breakfast« (Seite 62).

FÜR 2 PORTIONEN

Zubereitungszeit: etwa 5 Minuten

*1 Bund glatte Petersilie (etwa 20 g)*

*30 g Mandelstifte*

*1 kleine Zehe Knoblauch*

*1 unbehandelte Zitrone*

*2 EL Olivenöl*

*1 Prise Salz*

*½ TL Chiliflocken*

Die Petersilie waschen und die Blättchen sowie die feinen Stängel grob hacken und mit den Mandelstiften in einen Mixbehälter geben. Den Knoblauch abziehen, grob hacken und zugeben. ½ TL Schale von der Zitrone fein abreiben und zugeben. 1 EL Saft auspressen und mit 2 EL Wasser zugeben. Alles mit dem Stabmixer fein pürieren, das Öl unterrühren und das Pesto mit dem Salz und den Chiliflocken abschmecken. Bis zur Verwendung abgedeckt kühl stellen.

## DUKKAH

Dukkah ist ein orientalisches Würz-Topping, das mich in Brighton im »Lost in the Lanes«-Café auf Avocado-Toast (Seite 54) begeistert hat.

FÜR 2 PORTIONEN

Zubereitungszeit: etwa 5 Minuten

*30 g gemischte Nusskerne (z. B. Mandel- und Haselnusskerne)*

*1 EL helle Sesamsamen*

*1 TL Fenchelsamen*

*1 TL Koriandersamen*

*1 TL Kreuzkümmelsamen*

*2 Prisen Meersalzflocken*

*frisch gemahlener schwarzer Pfeffer*

Die Nusskerne mittelfein hacken und mit dem Sesam in einer kleinen Pfanne ohne Fett unter gelegentlichem Rühren goldbraun rösten. Die Fenchel-, Koriander- und Kreuzkümmelsamen zugeben und 2 Minuten mitrösten. Mit dem Salz und Pfeffer im Mörser mittelfein zerstoßen und bis zur Verwendung abgedeckt zur Seite stellen.

## COCONUT-BACON

Süßliche Kokoschips mit rauchiger Marinade ergeben einen würzigen Bacon-Ersatz – probiert es mal als crunchy Topping auf Hotdogs (Seite 95).

FÜR 2 PORTIONEN

Zubereitungszeit: etwa 5 Minuten plus 15 Minuten Backzeit

- *1 TL Sonnenblumenöl*
- *1 EL Flüssigrauch*
- *1 EL Sojasauce*
- *1 TL Ahornsirup*
- *¼ TL Paprikapulver edelsüß*
- *frisch gemahlener schwarzer Pfeffer*
- *50 g Kokoschips*

Den Backofen auf 180 °C vorheizen. Das Öl mit dem Flüssigrauch, der Sojasauce, dem Ahornsirup, dem Paprikapulver und Pfeffer in einer Schüssel verrühren. Die Kokoschips zugeben und so lange unterrühren, bis sie komplett von der Marinade ummantelt sind.

Auf einem mit Backpapier belegtem Blech verteilen und etwa 10–15 Minuten goldbraun rösten, dabei ggf. nach der Hälfte der Backzeit wenden. Abkühlen lassen und bis zur Verwendung abgedeckt zur Seite stellen.

## FURIKAKE

Das japanische Algen-Gewürztopping passt besonders gut zu Reis (Seite 151) oder einfach als Topping aufs Brot mit dem Lieblingsaufstrich.

FÜR 2 PORTIONEN

Zubereitungszeit: etwa 5 Minuten

- *2 EL helle Sesamsamen*
- *1 EL schwarze Sesamsamen*
- *½ TL Meersalz*
- *½ TL Rohrohrzucker*
- *½ TL Shichimi- Togarashi (japanische Gewürzmischung; alternativ Chiliflocken)*
- *4 EL Norialgen-Flocken*
- *1 EL Röstzwiebeln*

Beide Sesamsorten in einer Pfanne ohne Fett goldbraun anrösten. Im Mörser mit dem Meersalz, dem Zucker, dem Togarashi, den Algen und den Röstzwiebeln grob zerstoßen und bis zur Verwendung in einem verschließbaren Behälter aufbewahren.

## PANGRATTATO

Italienisches Knuspertopping, das besonders lecker Pasta krönt (Seite 147) – auch himmlisch als Extra zum gebratenen Spitzkohl (Seite 158; dann mit Walnusskernen statt Mandeln).

FÜR 2 PORTIONEN

Zubereitungszeit: etwa 8 Minuten

- *50 g Panko (grobe Semmelbrösel)*
- *25 g Mandelkerne*
- *½ TL Salz*
- *¼ TL Chiliflocken*
- *1 EL Bratolivenöl*
- *1 Zehe Knoblauch*
- *1 unbehandelte Zitrone*

Die Panko-Brösel in eine Schüssel geben. Die Mandelkerne mittelfein hacken und mit dem Salz und den Chiliflocken ebenfalls zugeben. Alles mit dem Öl vermischen und in einer Pfanne etwa 3–5 Minuten bei mittlerer Temperatur unter gelegentlichem Rühren goldbraun rösten. Den Knoblauch abziehen, fein würfeln, zugeben und 1 Minute mitrösten. Die Mischung vom Herd ziehen. Ein Viertel der Schale von der Zitrone fein abreiben und untermischen. Das Topping bis zur Verwendung abgedeckt zur Seite stellen.

## CASHEWSAN

Wer für Spaghetti, Lasagne und Co. eine pflanzliche Parmesan-Alternative sucht, kann es mit diesem super einfachen Cashew-Brösel-Mix versuchen. Für noch mehr Würze im Cahsewsan sorgen granulierte Zwiebeln und Knoblauch.

FÜR 2 PORTIONEN

Zubereitungszeit: etwa 3 Minuten

- *50 g Cashewkerne*
- *2 EL Hefeflocken*
- *½ TL Meersalz*
- *je ¼ TL Zwiebel- und Knoblauchgranulat (optional)*

Die Cashewkerne mit den Hefeflocken und dem Salz in einen Standmixer geben und mittelfein zerkleinern. Auf Wunsch Zwiebel- und Knoblauchgranulat zugeben. Bis zur Verwendung am besten in einem verschließbaren Behälter lagern.

# AMBER ALE BREAD

Wer gerade keinen Sauerteigansatz parat hat, um Brot damit zu backen, sollte dieses einfache Bierbrot ausprobieren. Das dunkle Amber-Ale und die kräftigen Gewürze sorgen in diesem Hefebrot für viel Aroma. Passt gut zum Tofu-Benedict (Seite 69) oder Avocado-Toast (Seite 54).

FÜR 1 BROT

Zubereitungszeit: etwa 25 Minuten plus 2 Stunden 20 Minuten Wartezeit

- *300 ml Amber-Ale oder dunkles Bier*
- *250 g Weizenmehl Type 550 plus etwas mehr zum Bearbeiten*
- *250 g Weizenvollkornmehl*
- *½ Würfel Hefe (etwa 21 g)*
- *1 EL Rohrohrzucker*
- *2 TL Brotgewürz (z. B. Kümmel-, Fenchel- und Selleriesamen)*
- *1 TL Salz*
- *1 EL Bratolivenöl plus etwas mehr für die Form*

Das Bier im Topf lauwarm erwärmen. Beide Mehlsorten in einer Rührschüssel miteinander mischen. Eine Mulde hineindrücken, die Hefe hineinbröckeln, mit dem Zucker bestreuen und das Bier darübergeben. Mit etwas Mehl vom Rand verrühren, bis sich die Hefe gelöst hat, und den Teig abgedeckt 15 Minuten ruhen lassen.

Das Brotgewürz mit dem Salz und dem Öl zum Teig geben und alles mit den Knethaken des Handrührers oder den Händen mindestens 5 Minuten kräftig kneten. Den Teig abgedeckt etwa 45 Minuten gehen lassen bzw. bis er sein Volumen in etwa verdoppelt hat.

Den Teig erneut kurz auf bemehlter Arbeitsfläche durchkneten und zu einem ovalen Brotlaib formen. In einen leicht gefetteten ofenfesten Topf mit Deckel (zum Beispiel Römertopf) geben und abgedeckt weitere 30 Minuten gehen lassen. Die Oberfläche leicht mit Mehl bestäuben und mit einem scharfen Messer oder einer Rasierklinge längs dreimal etwa ½ cm tief einschneiden.

Den Backofen auf 200 °C vorheizen und das Brot 25 Minuten im geschlossenen Topf garen. Anschließend ohne Deckel weitere 25 Minuten backen. Das Brot aus der Form nehmen und ggf. auf einem mit Backpapier belegten Blech 10 Minuten fertig backen. Vor dem Anschneiden komplett abkühlen lassen.

# BUNTE BURGER-BUNS

Burger-Brötchen, so bunt wie Brighton selbst dank etwas Gemüsesaft: Rote Bete sorgt für die knallig pinke Farbe und Karottensaft mit etwas Kurkuma für die gelben Buns. Übrigens lassen sich auf Basis desselben Rezeptes auch Hotdog-Brötchen formen (z. B. für die Hotdogs auf Seite 95).

FÜR JE 4 PINKE UND 4 GELBE BURGER-BUNS
Zubereitungszeit: etwa 35 Minuten plus 1 Stunde 45 Minuten Wartezeit

- *120 ml Mandeldrink (oder andere pflanzliche Milch)*
- *400 g Weizenmehl Type 550 plus etwas mehr zum Bearbeiten*
- *½ Würfel Hefe (etwa 21 g)*
- *2 Prisen Rohrohrzucker*
- *50 ml Rote-Bete-Saft*
- *50 ml Karottensaft*
- *½ TL gemahlene Kurkuma*
- *1 TL Salz*
- *3 EL Bratolivenöl*
- *1 EL Ahornsirup*
- *1 EL schwarze Sesamsamen*

Die Mandelmilch leicht erwärmen. Das Mehl gleichmäßig auf zwei Rührschüsseln verteilen. Jeweils eine Mulde hineindrücken und die Hefe gleichmäßig hineinbröckeln. Mit dem Zucker bestreuen und mit je der Hälfte des lauwarmen Mandeldrinks übergießen. Mit etwas Mehl vom Rand verrühren, bis sich die Hefe aufgelöst hat, und beide Teige abgedeckt etwa 15 Minuten ruhen lassen.

Den Rote-Bete- sowie den Karottensaft separat lauwarm erwärmen und jeweils zu einem Teig geben. Zum Karottenteig zudem die Kurkuma zugeben. Je die Hälfte vom Salz und je 1 EL vom Öl zugeben und beide Teige nacheinander mit den Knethaken des Handrührers oder den Händen mindestens 5 Minuten kräftig kneten. Die Teige abgedeckt etwa 45 Minuten gehen lassen bzw. bis sie ihr Volumen in etwa verdoppelt haben.

Jeden Teig auf leicht bemehlter Arbeitsfläche erneut kurz durchkneten und in vier gleich große Stücke teilen. Jedes Stück zu einem runden Brötchen formen und diese auf ein mit Backpapier belegtes Blech legen. Mit einem Küchentuch abgedeckt weitere 30 Minuten gehen lassen.

Den Backofen auf 200 °C vorheizen und eine feuerfeste Schale mit Wasser auf den Boden des Ofens stellen (siehe Tipp). Das restliche Öl mit dem Ahornsirup in einem Schälchen vermischen und die Oberflächen der Brötchen damit gleichmäßig bestreichen. Die Buns mit dem Sesam bestreuen und etwa 15 Minuten backen.

**Tipp:** Die Schale mit Wasser im Ofen sorgt dafür, dass die Burger-Buns beim Backen eine luftigere Konsistenz erhalten.

# DEFTIGES AUS SEITAN

In der veganen Küche punktet Seitan mit einer bissfesten, fleischähnlichen Textur, und er lässt sich kreativ für verschiedene Gerichte einsetzen: sei es als Aufschnitt, Geschnetzeltes oder auch als Bratwürstchen. Ein weiteres Plus: Aus Glutenpulver und einigen Gewürzen kann man Seitan einfach selbst herstellen!

## SEITAN-GRUNDREZEPT

FÜR ETWA 265 G SEITAN
Zubereitungszeit: etwa 15 Minuten plus 1 Stunde 15 Minuten Wartezeit

- *100 g Seitan-Fix (Weizenglutenpulver)*
- *1 EL Kichererbsenmehl (oder Sojamehl)*
- *1 EL Hefeflocken*
- *1 TL Salz*
- *frisch gemahlener schwarzer Pfeffer*
- *je ½ TL Zwiebel- und Knoblauchgranulat*
- *2 EL Sojasauce*
- *1 EL dunkler Balsamico-Essig*

Das Seitan-Fix in einer Rührschüssel mit dem Kichererbsenmehl, den Hefeflocken, dem Salz, Pfeffer, den Zwiebeln und dem Knoblauch vermischen. Die Sojasauce mit dem Essig und 125 ml Wasser zugeben, kurz vermischen und mit den Händen kräftig mindestens 5 Minuten zu einem festen, zähen Teig verkneten. 30 Minuten ruhen lassen und anschließend erneut kräftig durchkneten, dabei den Teig straff um die Oberfläche spannen und nach innen falten.

In einem Topf mit wenig Wasser und einem Dampfeinsatz etwa 45 Minuten bei mittlerer Temperatur garen. Komplett abkühlen lassen, direkt als Aufschnitt servieren oder weiterverarbeiten. Abgedeckt im Kühlschrank aufbewahrt hält er sich etwa 1 Woche.

## SEITAN-GYROS

FÜR 2 PORTIONEN
Zubereitungszeit: etwa 10 Minuten plus 30 Minuten Wartezeit

- *200 g Seitan (Fertigprodukt oder Rezept Seite 39)*
- *3 EL Sojasauce*
- *2 TL Tomatenmark*
- *je ½ TL gemahlene Kreuzkümmel- und Koriandersamen*
- *½ TL geräuchertes Paprikapulver*
- *½ TL getrockneter Majoran*
- *3 Prisen Chiliflocken*
- *1 Prise Salz*
- *2 EL Bratolivenöl*

Den Seitan in feine Scheiben schneiden und mit den Fingern grob zerzupfen. In einer flachen Form für die Marinade die Sojasauce mit dem Tomatenmark und 3 EL Wasser glattrühren. Mit dem Kreuzkümmel, dem Koriander, dem Paprikapulver, dem Majoran, den Chiliflocken und dem Salz würzen. Die Seitan-Stücke damit vermischen. Mindestens 30 Minuten abgedeckt durchziehen lassen.

Anschließend das Öl in einer großen Pfanne erhitzen und den Seitan darin samt der Marinade auf hoher Stufe etwa 5 Minuten rundherum kross anbraten.

**Tipp:** Die würzigen Seitan-Schnetzel passen lecker als vegane Döner-Alternative im Pita-Brot oder als Gyros-Teller (Seite 96).

## SEITAN-WÜRSTCHEN

FÜR 8 WÜRSTCHEN
Zubereitungszeit: etwa 20 Minuten plus 40 Minuten Wartezeit

- *250 g Seitan-Fix (Weizenglutenpulver)*
- *2 EL Hefeflocken*
- *je 1 TL Zwiebel- und Knoblauchgranulat*
- *3 TL geräuchertes Paprikapulver*
- *1 TL gemahlene Kreuzkümmelsamen*
- *1 ½ TL Salz*
- *frisch gemahlener schwarzer Pfeffer*
- *½ TL Rohrohrzucker*
- *3 EL Sojasauce*
- *4 EL Tomatenmark*
- *2 TL mittelscharfer Senf*
- *3 EL Bratolivenöl*

Das Seitan-Fix mit den Hefeflocken, den Zwiebeln, dem Knoblauch, dem Paprikapulver, dem Kreuzkümmel, dem Salz, dem Pfeffer und dem Zucker in einer Rührschüssel vermischen. Die Sojasauce mit dem Tomatenmark, dem Senf, dem Öl und 300 ml Wasser zugeben und alles gut miteinander vermischen.

Den Backofen auf 180 °C vorheizen. Die Masse in acht gleich große Stücke teilen und jedes Stück zu einer etwa 3 cm dicken Wurst formen. Jeweils in ein Stück Backpapier oder Alufolie kompakt einrollen und an den Enden fest verdrehen. In eine Auflaufform geben und etwa 40 Minuten im Ofen garen. Jede Seitan-Wurst auspacken und weiterverwenden (zum Beispiel anbraten) oder abgedeckt kühl lagern (die Würstchen halten sich etwa 1 Woche).

**Tipp:** Die bissfesten Bratwürstchen sind perfekt für die nächste Grillfeier, zum Hotdog (Seite 95) oder zum »Full Breakfast« (Seite 62).

# WÜRZIG EINGELEGTES

In England liebt man würzig Eingelegtes. Die Pickles, Shrubs, Chutneys und Relishes sind nicht wegzudenken aus dem britischen Vorratsregal und kommen als aromatische Beigaben zum Einsatz.

## MANGO-CHUTNEY

FÜR 1–2 EINMACHGLÄSER
Zubereitungszeit: etwa 15 Minuten plus 45 Minuten Wartezeit

*1 Mango*
*1 rote Chilischote*
*½ rote Zwiebel*
*1 Zehe Knoblauch*
*1 walnussgroßes Stück Ingwer*
*1 TL Kokosöl*
*100 ml Weißweinessig*
*60 g Rohrohrzucker*
*2 TL Currypulver*
*1 Prise gemahlener Zimt*
*1 Prise Salz*
*1 Prise Chiliflocken*

Die Mango schälen und in etwa 1 cm große Stücke schneiden. Die Chilischote längs aufschneiden, auf Wunsch von den Samensträngen befreien und fein würfeln. Die Zwiebel und den Knoblauch abziehen und fein würfeln. Den Ingwer schälen und fein würfeln. Das Öl in einem kleinen Topf erhitzen. Die Chili mit der Zwiebel, dem Knoblauch und dem Ingwer darin etwa 3 Minuten anbraten.

Die Mango unterrühren und alles mit dem Essig ablöschen. Den Zucker mit dem Currypulver und dem Zimt unterrühren und alles auf niedriger bis mittlerer Stufe im offenen Topf unter gelegentlichem Rühren etwa 45 Minuten köcheln. Das Chutney mit dem Salz und den Chiliflocken abschmecken und noch heiß in Einmachgläser füllen.

**Tipp:** Nicht nur zu indischen Gerichten, wie dem Thali (Seite 154) und den Samosas (Seite 172), lecker, sondern auch in der Burger-Sauce (Seite 95).

## PICCALILLI

FÜR 1–2 EINMACHGLÄSER
Zubereitungszeit: etwa 20 Minuten plus
1 Stunde Wartezeit

- *250 g Blumenkohl*
- *½ Zucchini (etwa 150 g)*
- *50 g grüne Bohnen*
- *3 Schalotten*
- *1 TL Salz*
- *1 EL Speisestärke*
- *1 EL Senfpulver*
- *1 TL gemahlene Kurkuma*
- *1 walnussgroßes Stück Ingwer*
- *1 rote Chilischote*
- *1 EL Sonnenblumenöl*
- *1 TL Senfsamen*
- *½ TL Koriandersamen*
- *½ TL Kreuzkümmelsamen*
- *250 ml Apfelessig*
- *50 g Rohrohrzucker*

Den Blumenkohl in daumengroße Röschen zerteilen. Die Zucchini in Würfel von etwa ½ cm schneiden. Die Bohnen putzen und in etwa ½ cm breite Röllchen schneiden. Die Schalotten abziehen und fein würfeln. Alles in einer Schüssel mit kaltem Wasser bedecken, das Salz zugeben und abgedeckt etwa 1 Stunde ruhen lassen. Anschließend das Gemüse abgießen. Dann die Stärke mit dem Senfpulver und der Kurkuma in einem Schälchen mit 50 ml kaltem Wasser glattrühren. Den Ingwer schälen und fein würfeln. Die Chilischote längs aufschneiden, auf Wunsch den Samenstrang entfernen, und fein würfeln.

Das Öl in einem mittelgroßen Topf erhitzen. Den Ingwer mit der Chili, den Senf-, den Koriander- und den Kreuzkümmelsamen zugeben und etwa 2 Minuten unter Rühren anrösten. Das Gemüse unterrühren. Den Essig, den Zucker sowie den Senfpulvermix zugeben und alles bei mittlerer Temperatur etwa 10 Minuten kochen. Noch heiß auf Einmachgläser verteilen.

**Tipp:** Diese Würzsauce ist ein britischer Klassiker mit indischen Wurzeln, in der Sommergemüse, wie Blumenkohl und grüne Bohnen, in einem Senfmehl-Essig-Sud eingelegt werden.

## GURKEN-PAPRIKA-RELISH

FÜR 1–2 EINMACHGLÄSER
Zubereitungszeit: etwa 20 Minuten plus
35 Minuten Wartezeit

- *1 Salatgurke*
- *1 grüne Paprika*
- *Salz*
- *½ rote Zwiebel*
- *½ rote Chilischote*
- *100 ml Apfelessig*
- *60 g Rohrohrzucker*
- *1 TL Senfkörner*
- *¼ TL Selleriesamen*
- *½ Bund Dill*

Die Gurke längs halbieren und mit einem Teelöffel entkernen. Das Fruchtfleisch etwa 1 cm groß würfeln. Die Paprika ebenfalls etwa 1 cm groß würfeln. Beides in einer Schüssel mit ½ TL Salz mischen und etwa 30 Minuten Wasser ziehen lassen. Anschließend in einem Sieb leicht ausdrücken. Die Zwiebel abziehen und fein würfeln.
Die Chili ebenfalls fein würfeln. Den Essig mit dem Zucker in einem kleinen Topf erhitzen, bis sich der Zucker aufgelöst hat. Den Gurkenmix, die Zwiebel und die Chili zugeben und etwa 5 Minuten bei niedriger bis mittlerer Temperatur köcheln lassen. Die Senfkörner und die Selleriesamen unterrühren und das Relish mit Salz abschmecken. Vom Herd ziehen. Die Dillspitzen mittelfein hacken und unterrühren. Das Relish noch warm in Einmachgläser füllen.

**Tipp:** Lecker zu Hotdogs (Seite 95), Burger oder Sandwiches. Die Einlegeflüssigkeit könnt ihr übrigens für den Pickle-Back-Cocktail (Seite 168) verwenden.

THERE'S
NO
PLACE
LIKE
BRIGHTON
ELECTRIC
BEATS!!!
SASSY
THE POSTMAN

MENU

# BREAKFAST & BRUNCH

S&C
BREW TEA CO

# VOM »FULL BREAKFAST« UND »BOOZY BRUNCH«

Nach einer Nacht in Brighton solltet ihr euch ein Schlemmerfrühstück am nächsten Morgen in einem der vielen hübschen Cafés nicht entgehen lassen. Oft türmen sich hier bereits Stapel aus Croissants und anderem frischen Gebäck an den Theken, das man unkompliziert mit einer Tasse Kaffee oder Tee genießen kann. Wem der Appetit nach Früchten steht, bestellt frisch gepresste Säfte, Smoothies oder einen Obstsalat mit Kokosjoghurt. Klassiker wie Porridge findet man hier und da auch, jedoch nicht so oft wie herzhafte Leckereien: Von Tofu-Benedict über eine würzige Kartoffelpfanne (»Breakfast Hash«), Avocado-Toast, Scrambled-Tofu bis hin zum »Full Breakfast« mit Veggie-Würstchen, Pilzen, Baked Beans und Co. erwartet die Besucherinnen und Besucher ein buntes Angebot, um sich richtig satt zu schlemmen.

Unter dem Motto »coffee, brunch & good vibes« lässt es sich im kleinen Café »17 Grams« mitten in den »Lanes« vorzüglich frühstücken. Das »plant-based Full Breakfast« dort war das leckerste auf meiner Brighton-Reise. Und obwohl der Coffee Shop in einer sehr belebten Gegend liegt, herrscht innen eine sehr entspannte und ruhige Atmosphäre, umrahmt von Neon-Schildern, Schallplatten und Pflanzen. Wer nicht gerade ausgiebig speisen möchte, kann in dem Café ebenso gut eine kleine Pause während des Stadtbummels einlegen für eine Tasse selbst gerösteten Kaffee und ein Stück Kuchen. Ein gemütlicher Zufluchtsort, vor allem bei Schmuddelwetter.

Im mehrfach ausgezeichneten »Starfish & Coffee« kehren vor allem Locals ein. An den Wochenenden ist es ein beliebter Treffpunkt für Familien aus Brighton – Kinder und Hunde sind hier willkommen. Bei meinem Besuch herrschte eine ausgelassene und fröhliche Geräuschkulisse. In dem großen lichtdurchfluteten Raum findet ihr an hellen Holztischen auf blauen Stühlen Platz und habt die Qual der Wahl zwischen beispielsweise veganem »Tofu-Benny«, einem »Breakfast Hash« und Pancakes mit Birnen und Vanille-Cashew-Creme. Der sympathische Inhaber Tony und sein Team rund um Chefköchin Laura geben ihr Bestes, um qualitativ hochwertiges Soulfood anzubieten. Das Café ist übrigens benannt nach Tonys Lieblingssong von Prince. Das musikalische Thema macht sich auch bemerkbar an ausgewählten Accessoires, Instrumenten und einem großen Wandbild mit musizierenden Tassen und Lebensmitteln.

Bei einem ausgiebigen Brunch sind vegane Pancake-Türmchen, üppig garniert mit Beeren, Sirup und Nüssen, fast auf jeder Speisekarte zu finden. Besonders farbenfrohe Stapel findet ihr im »Munchies' Craft« – denn hier sind die Pfannküchlein komplett blau, dank dem südostasiatischen Butterfly-Pea-Tea, und werden zusätzlich mit essbarem Glitzer garniert! Ein sehr trendiger Brunch-Spot ist auch das »Oeuf«-Café im Viertel »Hove« unweit der Promenade und der bunten Strandhütten. In dem Café könnt ihr, anders als der Name vermuten lässt, nicht nur Eierspeisen, sondern ebenfalls viele vegane Leckereien probieren: Die Berry-Pancakes sind fantastisch! Wer es herzhafter mag, bestellt zum Beispiel den »Veganator-Wrap«, ein englisches Frühstück, verpackt im Wrap. Die Inhaberin Amber hat sich mit dem Café einen Traum verwirklicht – dekoriert in pastelligen Minztönen, mit Rosa- und Goldakzenten und riesigen Trockenblumen-Arrangements, die von den hohen Decken schweben.

Viele Brunch-Cafés haben eine Cocktailkarte, die extra zum Brunch angeboten wird. Wie wäre es mit einem Glas Mimosa, Bloody Mary oder Espresso-Martini zum Frühstück? Wenn ihr in Feierlaune seid, könnt ihr in einigen Lokalen sogar an einem »boozy brunch« teilnehmen. Dann wird der ausgewählte Drink während des Frühstücks immer wieder aufgefüllt.

# SMOOTHIE-GRANOLA-BOWL MIT KOKOSJOGHURT

Im Gegensatz zum deftigen englischen »Full Breakfast« (Seite 62) zählen Smoothies und Smoothie-Bowls in Brightons Cafés zur Kategorie »Light Breakfast«. Die fruchtigen Bowls schmecken dabei am besten mit selbst gemachtem Granola.

FÜR 2 PORTIONEN

Zubereitungszeit: etwa 15 Minuten plus 20 Minuten Backzeit

### FÜR DAS GRANOLA

- *60 g Haferflocken Großblatt*
- *25 g Mandelkerne*
- *15 g Kokosraspel*
- *15 g Sesamsamen*
- *1 Prise Salz*
- *1 Prise Bourbon-Vanillepulver plus 1 Prise für den Smoothie*
- *1 EL Kokosöl*
- *2 EL Dattelsirup (oder Ahornsirup) plus 1 TL für den Smoothie (optional)*

### FÜR DEN SMOOTHIE

- *125 g frische oder TK-Himbeeren plus 1 Handvoll frische Beeren für die Garnitur*
- *1 reife Banane plus 1 mehr für die Garnitur*
- *250 g Kokosjoghurt*
- *1 TL Mandelmus*

Für das Granola den Backofen auf 160 °C vorheizen. Die Haferflocken mit den Mandeln, den Kokosraspeln, dem Sesam, dem Salz und der Vanille in einer Schüssel mischen. Das Kokosöl mit dem Sirup in einer kleinen Pfanne zerlassen und mit der Haferflockenmischung verrühren. Auf einem mit Backpapier belegten Blech flach verteilen und etwa 15–20 Minuten goldbraun rösten, dabei zwischendurch ein- bis zweimal umrühren, damit alles gleichmäßig gebräunt ist (siehe Tipp).

Inzwischen für den Smoothie die Himbeeren ggf. auftauen lassen oder kurz erwärmen. Die Banane schälen, in grobe Stücke schneiden und mit den Himbeeren, dem Kokosjoghurt, der Vanille, dem Mandelmus und auf Wunsch dem Dattelsirup in einen Mixbehälter geben. Alles cremig pürieren und auf zwei Schüsseln verteilen. Mit dem Granola, der in Scheiben geschnittenen Banane und den frischen Himbeeren garniert servieren.

**Tipp:** Das Granola sollte im Ofen nicht zu dunkel werden, sonst schmeckt es schnell bitter. Ihr könnt auch gleich die doppelte oder dreifache Menge zubereiten und das Granola in einem verschließbaren Glas aufbewahren, so habt ihr das Knuspertopping gleich für weitere Smoothie-Bowls oder Porridge parat.

# GOLDEN PORRIDGE MIT KOKOS UND BLAUBEEREN

Zur Frühstückszeit in Brightons Cafés habe ich besonders gerne »Tumeric-« bzw. »Golden Latte« getrunken – der wärmt vor allem an trüben, regnerischen Tagen von innen und bringt etwas sonniges Gelb in die Tasse. Inspiriert davon ist dieses Rezept für den Golden Porridge, ebenfalls verfeinert mit einem aromatischen Kurkuma-Gewürzmix.

FÜR 2 PORTIONEN

Zubereitungszeit: etwa 20 Minuten

- *1 haselnussgroßes Stück frische Kurkuma*
- *1 haselnussgroßes Stück Ingwer*
- *1 EL Kokosöl*
- *¼ TL frisch gemahlener schwarzer Pfeffer*
- *100 g Haferflocken Großblatt*
- *200 ml Kokosmilch*
- *1 Prise Salz*
- *½ TL gemahlene Kurkuma*
- *¼ TL gemahlener Zimt*
- *1 Prise Bourbon-Vanillepulver*
- *1 EL Mandelmus*
- *1–2 EL Ahornsirup*

AUSSERDEM

- *je 1 Handvoll frische Blaubeeren, gehackte Mandelkerne und Kokoschips für die Garnitur*
- *Nussmilch zum Servieren (z. B. Mandelmilch, Seite 20)*

Die Kurkuma und den Ingwer schälen und fein reiben. Das Kokosöl in einem mittelgroßen Topf erhitzen. Die Kurkuma, den Ingwer und den Pfeffer darin 1 Minute bei mittlerer Temperatur rösten. Die Haferflocken zugeben und 1 Minute unter Rühren ebenfalls anrösten. Mit der Kokosmilch und 300 ml Wasser aufgießen. Alles mit dem Salz, der gemahlenen Kurkuma, dem Zimt und der Vanille würzen und das Mandelmus unterrühren.

Das Porridge unter häufigem Rühren etwa 10 Minuten cremig kochen. Mit dem Ahornsirup süßen. Auf zwei Schalen portionieren und mit den Blaubeeren, den Mandeln und den Kokoschips garnieren. Auf Wunsch etwas Nussmilch darübergeben.

# AVOCADO-TOAST MIT EINGELEGTEN TRAUBEN UND DUKKAH

Beinahe jedes Frühstückslokal in Brighton bietet »Avo-Toast« an – es ist in den letzten Jahren quasi zum Frühstücksklassiker avanciert. Dabei interpretieren die Cafés das einfache Gericht auch mal spannend neu, wie bei »Lost in the Lanes«: Hier kommen zusätzlich »pickled grapes« aufs Brot und ein aromatisches Dukkah-Topping – eine grandiose Kombi, die mich zu diesem Rezept inspiriert hat.

FÜR 2 PORTIONEN BZW. 4 SCHEIBEN TOAST

Zubereitungszeit: etwa 25 Minuten plus 8 Stunden Wartezeit

### FÜR DIE EINGELEGTEN TRAUBEN

*125 ml Apfelessig*
*50 g Rohrohrzucker*
*1 walnussgroßes Stück Ingwer*
*Salz*
*½ Zimtstange*
*1 TL Koriandersamen*
*1 TL Senfsamen*
*¼ TL schwarze Pfefferkörner*
*1 Lorbeerblatt*
*200 g rote Weintrauben (kernlose Sorte)*

### FÜR DEN AVOCADO-AUFSTRICH

*2 Avocados*
*1 unbehandelte Zitrone*
*1 Frühlingszwiebel*
*1 Zehe Knoblauch*
*½ TL Chiliflocken*

### AUSSERDEM

*2 EL Bratolivenöl*
*4 Scheiben Sauerteig- oder Ale-Bread (Seite 35)*
*1 Handvoll Radieschen*
*½ Portion Dukkah (Seite 30)*
*1–2 EL gehackte Petersilie für die Garnitur*

Für die eingelegten Trauben den Essig mit 125 ml Wasser und dem Zucker in einem kleinen Topf erwärmen, bis sich der Zucker aufgelöst hat. Den Ingwer schälen, fein reiben und mit 1 Prise Salz sowie den restlichen Gewürzen zugeben. Die Trauben waschen, halbieren und in die warme Mischung geben. Anschließend die Trauben samt der Essigflüssigkeit in ein Schraubglas (500 ml Fassungsvermögen) füllen, zimmerwarm abkühlen lassen und mindestens 8 Stunden im Kühlschrank ziehen lassen.

Für den Aufstrich die Avocados halbieren, die Kerne entfernen, das Fruchtfleisch mit einem Löffel herausschaben und in eine Schüssel geben. Von der Zitrone ein Viertel Schale fein abreiben und 2 EL Saft auspressen. Beides zur Avocado geben. Alles mit einer Gabel mittelfein zerdrücken. Die Frühlingszwiebel in feine Röllchen schneiden und unterrühren. Den Knoblauch abziehen und dazupressen. Den Aufstrich mit Salz und den Chiliflocken abschmecken.

Das Bratolivenöl in einer großen Pfanne erhitzen und die Brotscheiben darin von beiden Seiten knusprig anbraten. Die Radieschen in feine Scheiben schneiden. Den Avocado-Aufstrich auf den Broten verteilen und mit den eingelegten Trauben und den Radieschen belegen. Mit dem Dukkah und etwas gehackter Petersilie garniert servieren.

**Tipp:** Von den eingelegten Trauben werdet ihr nicht alle für die Toasts verwenden. Den Rest könnt ihr als Topping für andere Gerichte verwenden, zum Beispiel zu Salaten. Die Trauben-Einlegeflüssigkeit am besten nicht entsorgen, sondern durch ein Sieb gießen und für den Pickle-Back-Cocktail (Seite 168) verwenden!

# TOASTIES MIT KAROTTENPESTO, CASHEW-MOZZARELLA UND GEWÜRZGURKEN

Die Briten lieben es herzhaft zum Frühstück. Rührtofu, Baked Beans und Sandwiches findet man fast überall. Diese Toasties mit selbst gemachtem Cashew-Mozzarella und dem Pesto passen da gut ins Bild. Wer es noch würziger mag, nimmt Räuchertofu-Scheiben anstelle des Mozzarellas.

FÜR 2 PORTIONEN

Zubereitungszeit: etwa 20 Minuten plus 20 Minuten Wartezeit

### FÜR DAS PESTO

*2 Karotten (etwa 150 g)*

*1 Zehe Knoblauch*

*30 g Sonnenblumenkerne*

*Salz*

*frisch gemahlener schwarzer Pfeffer*

*1 unbehandelte Zitrone*

*1 EL Olivenöl*

*4 Stängel glatte Petersilie*

### AUSSERDEM

*4 Scheiben Sandwichtoast*

*etwa 8 Gewürzgurkenscheiben*

*1 Handvoll Rucola*

*etwa 50 g Cashew-Mozzarella (Seite 26, oder Fertigprodukt aus dem Kühlregal)*

*2 EL Bratolivenöl*

Für das Pesto die Karotten schälen, in etwa 2 cm große Stücke schneiden und in einem Dämpfeinsatz im geschlossenen Topf mit wenig Wasser bei mittlerer Temperatur etwa 20 Minuten weich garen. Die Karotten in einen Mixbehälter geben. Den Knoblauch abziehen, grob hacken und mit den Sonnenblumenkernen zugeben. Alles mit dem Stabmixer fein pürieren. Mit Salz und Pfeffer würzen. ¼ TL von der Zitronenschale abreiben und mit 1 TL ausgepresstem Saft sowie dem Olivenöl unterrühren. Die Petersilie fein hacken und untermischen.

Die Toastscheiben gleichmäßig mit dem Pesto bestreichen. Zwei der Toastscheiben mit je vier Gewürzgurkenscheiben und je der Hälfte des Rucolas belegen. Den Cashew-Mozzarella in 1 cm dicke Scheiben schneiden und darauf verteilen. Die Sandwiches zusammenklappen und leicht andrücken. Das Öl in einer großen Pfanne erhitzen und die Sandwiches darin von beiden Seiten etwa 5 Minuten goldbraun anbraten. Auf Wunsch halbieren und sofort servieren.

# KICHERERBSEN-OMELETT MIT ROTE-BETE-SALAT

Meine liebste pflanzliche Omelett-Alternative sind diese Kurkuma-Kichererbsenmehl-Pfannkuchen, die durch das indische Kala-Namak-Salz sogar ein gewisses Ei-Aroma erhalten. In Brighton findet man oft Gerichte mit Kichererbsen auf der veganen Frühstückskarte: Kein Wunder, sind die kleinen Hülsenfrüchte doch sehr reich an Eiweiß.

FÜR 2 PORTIONEN

Zubereitungszeit: etwa 40 Minuten plus 15 Minuten Wartezeit

### FÜR DIE PFANNKUCHEN

- *90 g Kichererbsenmehl*
- *1 EL Speisestärke*
- *½ TL Backpulver*
- *Salz*
- *½ TL Kala Namak (Schwefelsalz; optional)*
- *½ TL gemahlene Kurkuma*
- *½ TL gemahlene Kreuzkümmelsamen*
- *frisch gemahlener schwarzer Pfeffer*
- *90 ml Haferdrink*
- *90 ml Sprudelwasser*
- *2 EL Apfelessig plus 1 EL für den Salat*

### FÜR DEN SALAT

- *2 Rote Beten (etwa 200 g)*
- *100 g Knolle Sellerie*
- *½ säuerlicher Apfel*
- *½ Bund Dill plus etwas mehr für die Garnitur (optional)*
- *1 Frühlingszwiebel*
- *2 EL Walnussöl (oder Leinöl)*
- *½ TL mittelscharfer Senf*
- *1 EL Sonnenblumenkerne*

### AUSSERDEM

- *2 EL Sonnenblumenöl*
- *4 EL veganer Frischkäse (Seite 25, oder Fertigprodukt aus dem Kühlregal)*

Für die Pfannkuchen das Kichererbsenmehl in einer Rührschüssel mit der Stärke, dem Backpulver und ½ TL Salz sowie dem Kala Namak vermischen. Mit der Kurkuma, dem Kreuzkümmel und etwa 2 Prisen Pfeffer würzen. Den Haferdrink, das Sprudelwasser und den Apfelessig zugeben und alles mit dem Schneebesen zu einem glatten Teig verrühren. Abgedeckt bei Zimmertemperatur mindestens 30 Minuten ruhen lassen.

Inzwischen für den Salat die Rote Bete, den Sellerie und den Apfel schälen und grob raspeln. Alles in eine Salatschüssel geben. Die Dillspitzen abzupfen, fein hacken und untermischen. Die Frühlingszwiebel in feine Ringe schneiden und zugeben. Für das Dressing das Öl, den Essig und den Senf mit Salz und Pfeffer in einer Schüssel verrühren und zum Salat geben. Alles gut verrühren. Den Salat bis zur Verwendung durchziehen lassen. Die Sonnenblumenkerne in einer kleinen Pfanne ohne Fett goldbraun anrösten und kurz vor dem Servieren unter den Salat mischen.

Für die Pfannkuchen den Teig erneut kurz durchrühren. 1 EL vom Bratöl in einer mittelgroßen Pfanne erhitzen. Die Hälfte des Teigs hineingeben und durch Schwenken gleichmäßig in der Pfanne verteilen. Bei mittlerer bis hoher Temperatur von beiden Seiten je etwa 3–4 Minuten braten. Mit dem zweiten Pfannkuchen ebenso verfahren. Je eine Hälfte der Pfannkuchen mit 2 EL Frischkäse bestreichen und mit dem Salat belegen. Zusammengeklappt servieren und auf Wunsch mit Dill garnieren. Den restlichen Salat ggf. dazu servieren.

# FULL BREAKFAST

Kein Großbritannien-Besuch ohne das typische »Full Breakfast«, bei uns auch als »English Breakfast« bekannt. Neben Baked Beans, Pilzen und Tomaten beinhalten die veganen Optionen oft Rührtofu, manchmal Spinat und Hash Browns oder Seitan-Würstchen. Meine Version ist vom »17 Grams«-Café inspiriert: Auf ihre Variante eines veganen englischen Frühstücks kommen zusätzlich Pesto-Kleckse, die dem Ganzen eine frische Note verleihen.

FÜR 2 PORTIONEN

Zubereitungszeit: etwa 1 Stunde

### FÜR DIE BAKED BEANS

- *1 Zwiebel*
- *2 Zehen Knoblauch*
- *1 EL Bratolivenöl plus mehr für Tomaten, Pilze, Rührtofu und Garnitur*
- *1 Dose weiße Bohnen (à etwa 240 g Abtropfgewicht)*
- *250 g passierte Tomaten*
- *1 EL Tomatenmark*
- *1 TL geräuchertes Paprikapulver*
- *½ TL Chiliflocken*
- *½ TL gemahlene Kreuzkümmelsamen*
- *1 TL Ahornsirup*
- *1 EL dunkler Balsamico-Essig plus 1 EL für die Pilze*
- *Salz*
- *200 g Cocktailtomaten am Strang für die Garnitur*

### FÜR DIE PILZE

- *200 g braune Champignons*
- *1 TL getrockneter Thymian*
- *1 EL Sojasauce*
- *1 Frühlingszwiebel*
- *frisch gemahlener schwarzer Pfeffer*

### FÜR DEN RÜHRTOFU

- *200 g Seidentofu*
- *100 g Naturtofu*
- *½ TL gemahlene Kurkuma*
- *½ TL Hefeflocken*
- *½ TL Kala Namak (Schwefelsalz, optional)*

### AUSSERDEM

- *4 Seitan-Würstchen (Seite 41, oder Fertigprodukt aus dem Kühlregal)*
- *¼ Bund Schnittlauch (für die Garnitur)*
- *1 Portion Petersilienpesto (Seite 30)*
- *½ Avocado, aus der Schale gelöst*

Für die Baked Beans den Backofen auf 180 °C vorheizen. Die Zwiebel und den Knoblauch abziehen und fein würfeln. Das Öl in einer mittelgroßen Pfanne erhitzen, die Hälfte der Zwiebel sowie den Knoblauch darin etwa 3 Minuten anschwitzen und vom Herd ziehen. Die Bohnen in ein Sieb abgießen, kalt abbrausen und zugeben. Mit den Tomaten und dem Tomatenmark verrühren. Mit dem Paprikapulver, den Chiliflocken, dem Kreuzkümmel, dem Sirup und dem Essig würzen und mit Salz abschmecken. Die Mischung in eine Auflaufform füllen und etwa 45 Minuten backen. Die Cocktailtomaten zeitgleich auf ein mit Backpapier belegtes Blech legen, leicht mit Öl beträufeln und im Ofen rösten.

Inzwischen die Pilze putzen und je nach Größe vierteln oder achteln. 2 EL Öl in einer mittelgroßen Pfanne erhitzen und die Pilze darin bei mittlerer bis hoher Temperatur unter gelegentlichem Rühren etwa 5 Minuten anbraten. Den Thymian untermischen und die Pilze mit dem Essig und der Sojasauce ablöschen. Unter Rühren etwa 2 Minuten einkochen lassen. Die Frühlingszwiebel in feine Ringe schneiden und zugeben. Alles mit Salz und Pfeffer würzen.

Für den Rührtofu 2 EL Öl in einer mittelgroßen Pfanne erhitzen und die restliche Zwiebel darin etwa 3 Minuten anbraten. Den Seidentofu leicht abtropfen lassen und zugeben, dabei vorsichtig grob zerteilen. Den Naturtofu in einer Schüssel mit der Kurkuma, den Hefeflocken und dem Kala Namak mit einer Gabel grob zerbröseln und zum Seidentofumix geben. Alles auf mittlerer Stufe etwa 7 Minuten garen, dabei eher selten und vorsichtig rühren. Den Rührtofu mit Salz und Pfeffer abschmecken.

2 EL Öl in einer großen Pfanne erhitzen und die Würstchen darin rundherum anbraten. Zusammen mit den Pilzen und dem Rührtofu auf 2 großen Tellern anrichten, den Rührtofu zusätzlich mit Schnittlauchröllchen garnieren. Die Baked Beans in zwei Schälchen dazu reichen. Alles mit Pesto-Klecksen garnieren. Die Avocadohälfte in feine Spalten schneiden und mit den gerösteten Tomaten dazu servieren.

# BREAKFAST HASH MIT GRÜNKOHL

»Hash Browns« nennt man in England kleine Rösti, die zum Frühstück als Beilage gereicht werden. Als »Breakfast Hash« dagegen ist eine deftige Kartoffelpfanne bekannt, die in den Cafés in Brighton gerne zum Brunch angeboten wird – immer saisonal verfeinert. Mal mit Kürbis und Pilzen, mal mit Spinat oder Bohnen und Radieschen, mit veganem Speck oder Seitan-Wurst. Das Gericht ähnelt ein wenig dem uns bekannten Bauernfrühstück.

**FÜR 2 PORTIONEN**

**Zubereitungszeit: etwa 35 Minuten**

- *500 g festkochende Kartoffeln*
- *Salz*
- *1 Zwiebel*
- *2 Zehen Knoblauch*
- *½ rote Paprika*
- *1 rote Chilischote*
- *100 g Räuchertofu*
- *4 EL Bratolivenöl*
- *1 TL Paprikapulver edelsüß plus etwas mehr für die Garnitur (optional)*
- *frisch gemahlener schwarzer Pfeffer*
- *200 g TK-Grünkohl (oder Spinat)*

**AUSSERDEM**

- *Sojajoghurt zum Servieren (optional)*
- *Frühlingszwiebelringe für die Garnitur (optional)*

Die Kartoffeln schälen, in etwa 1 cm große Stücke schneiden und in einem Topf mit wenig Salzwasser etwa 5–10 Minuten vorkochen. Abgießen und ausdampfen lassen.

Inzwischen die Zwiebel und den Knoblauch abziehen und fein würfeln. Die Paprika etwa 1 cm groß würfeln, die Chili längs halbieren, auf Wunsch den Samenstrang entfernen, und fein hacken. Den Räuchertofu abtropfen lassen und in etwa ½ cm große Würfel schneiden. 2 EL des Öls in einer großen Pfanne erhitzen. Die Zwiebel mit dem Knoblauch, der Paprika, der Chili und dem Tofu darin etwa 5 Minuten anbraten. Die Kartoffeln und das restliche Öl zugeben und weitere 10 Minuten braten.

Die Kartoffelpfanne mit Salz, dem Paprikapulver und Pfeffer würzen. Den Grünkohl zugeben und unter Rühren etwa 5 Minuten in der Pfanne erwärmen. Den Breakfast Hash auf 2 Teller portionieren, auf Wunsch mit dem Sojajoghurt anrichten und mit Frühlingszwiebelringen und Paprikapulver garniert servieren.

# SHAKSHUKA MIT »BOHNEN-EI« UND AVOCADO

Das liebste israelische Soulfood ist auf Frühstückskarten mittlerweile europaweit zu finden. Auch in der veganen Variante ohne Ei ist es sehr lecker, wofür die würzige Bohnen-Mandelcreme sorgt. Alternativ könnt ihr auch den Cashew-Mozzarella dazu probieren (Seite 26).

**FÜR 2 PORTIONEN**

Zubereitungszeit: etwa 30 Minuten

### FÜR DAS SHAKSHUKA

- *1 Zwiebel*
- *1 Zehe Knoblauch plus 1 mehr für das »Bohnen-Ei«*
- *1 rote Chilischote*
- *1 rote Spitzpaprika*
- *2 EL Bratolivenöl*

### FÜR DAS »BOHNEN-EI«

- *½ Dose weiße Bohnen (à etwa 120 g Abtropfgewicht)*
- *1 EL Mandelmus*
- *1 EL Olivenöl plus etwas mehr zum Beträufeln*
- *1 EL Zitronensaft*
- *Salz*
- *1–2 Prisen Kala Namak (Schwefelsalz)*
- *frisch gemahlener schwarzer Pfeffer*
- *1 TL Hefeflocken*

### AUSSERDEM

- *1 EL Harissapaste (oder Tomatenmark)*
- *1 Dose stückige Tomaten (à 400 g)*
- *½ TL gemahlene Kreuzkümmelsamen*
- *½ Avocado in Spalten*
- *2 Petersilienstängel, fein geschnitten*
- *Chiliringe*
- *½ TL Schwarzkümmelsamen*
- *½ Baguette oder ¼ Fladenbrot*

Die Zwiebel und den Knoblauch abziehen und fein würfeln. Die Chilischote längs halbieren, auf Wunsch den Samenstrang entfernen, und ebenfalls fein würfeln. Die Paprika halbieren, entkernen und die Hälften in etwa 1 cm große Stücke schneiden. Das Öl in einer mittelgroßen Pfanne erhitzen. Die Zwiebel mit dem Knoblauch, der Chili und der Paprika darin unter gelegentlichem Rühren etwa 5 Minuten bei mittlerer bis hoher Temperatur anbraten.

Inzwischen für das »Bohnen-Ei« die Bohnen in einem Sieb kalt abbrausen und in einen Mixbehälter geben. Den Knoblauch abziehen, grob hacken und mit 2–3 EL kaltem Wasser zugeben. Alles mit dem Stabmixer fein pürieren. Das Mandelmus mit dem Öl und dem Zitronensaft unterrühren und die Mischung würzig mit Salz, dem Kala Namak, Pfeffer und den Hefeflocken abschmecken.

Die Harissapaste zu dem Paprikagemüse geben und kurz mit anrösten. Die Tomaten unterrühren und alles mit Salz, Pfeffer und dem Kreuzkümmel würzen. Etwa 10 Minuten in offener Pfanne unter gelegentlichem Rühren kochen.

Das »Bohnen-Ei« in Klecksen darüberverteilen und alles in geschlossener Pfanne noch mal 5 Minuten garen. Mit den Avocadospalten, der Petersilie, den Chiliringen und dem Schwarzkümmel garniert anrichten und mit etwas Öl beträufeln. Mit dem Baguette oder Fladenbrot sofort servieren.

# TOFU-BENEDICT MIT PILZEN

»Eggs Benedict«, oft auch liebevoll »Benny« genannt, serviert man in Brighton gerne in der veganen Variante »Tofu-Benedict«, wie im sympathischen Nachbarschaftscafé »Starfish & Coffee«. Auf geröstetem Brot landen hier Pilze, Tofu und eine pflanzliche Hollandaise. Spinat passt ebenfalls gut zu den Pilzen.

FÜR 2 PORTIONEN

Zubereitungszeit: etwa 25 Minuten

### FÜR DIE PILZE

*200 g braune Champignons*

*1 Schalotte*

*1 EL Bratolivenöl plus 2 EL für die Garnitur*

*1 TL getrockneter Thymian*

*1 EL dunkler Balsamico-Essig*

*Salz*

*frisch gemahlener schwarzer Pfeffer*

### FÜR DIE HOLLANDAISE

*2 EL vegane Margarine*

*1 EL Weizenmehl Type 550*

*50 ml trockener Weißwein*

*100 ml Sojadrink (oder andere pflanzliche Milch)*

*1 TL mittelscharfer Senf*

### AUSSERDEM

*100 g Räuchertofu*

*1 EL Sojasauce*

*2 große Scheiben Sauerteigbrot oder Ale-Bread (Seite 35)*

*Schnittlauchröllchen für die Garnitur*

Die Pilze putzen, je nach Größe halbieren und in etwa ½ cm dicke Scheiben schneiden. Die Schalotte abziehen und fein würfeln. Das Öl in einer mittelgroßen Pfanne erhitzen. Die Pilze mit der Schalotte darin unter gelegentlichem Rühren auf mittlerer bis hoher Stufe etwa 5 Minuten braten. Den Thymian unterrühren und alles mit dem Essig ablöschen und einkochen lassen. Die Pilze mit Salz und Pfeffer abschmecken.

Für die Hollandaise die Margarine in einem kleinen Topf zerlassen. Das Mehl darübergeben und mit dem Schneebesen klümpchenfrei verrühren. Den Wein unterrühren und die Sojamilch mit dem Senf zugeben. Alles so lange unter Rühren kochen, bis die Sauce eine dickliche Konsistenz annimmt. Mit Salz und Pfeffer abschmecken.

1 EL Bratolivenöl in einer großen Pfanne erhitzen. Den Räuchertofu in vier gleich große Scheiben schneiden und diese von beiden Seiten etwa 7 Minuten anbraten. Mit der Sojasauce ablöschen. Den restlichen 1 EL Bratolivenöl in derselben Pfanne erhitzen und die Brotscheiben darin von beiden Seiten knusprig anrösten. Die Brotscheiben mit den Pilzen belegen, darauf die Tofuscheiben anrichten und die Hollandaise-Sauce darübergießen. Mit den Schnittlauchröllchen garniert servieren.

# SCHOKOWAFFELN MIT KIRSCHEN UND KOKOSSAHNE

Vegane Waffeln gelingen schnell und einfach. Dass dabei Mayo für den Teig zum Einsatz kommt, klingt erst mal gewöhnungsbedürftig. Dies sorgt jedoch ähnlich wie bei der Verwendung von Eiern für eine luftige Konsistenz – probiert es einfach mal aus! Die Kokossahne ist ebenfalls einfach gemacht und passt auch lecker zu Scones (Seite 111).

**FÜR 2 PORTIONEN BZW. 4 WAFFELN**

Zubereitungszeit: etwa 30 Minuten

### FÜR DIE WAFFELN

- *200 ml Kokosmilch*
- *3 EL Backkakao*
- *3 EL vegane Mayonnaise*
- *1 TL Backpulver*
- *1 Prise Salz*
- *200 g Weizenmehl Type 550*

### FÜR DIE KOKOSSAHNE

- *200 ml gekühlte Kokosmilch (mindestens 80 % Fruchtfleisch, siehe Tipp)*
- *1 Prise Bourbon-Vanillepulver*
- *2 EL Puderzucker*
- *1 unbehandelte Limette*

### AUSSERDEM

- *200 g TK-Kirschen oder Schattenmorellen aus dem Glas*
- *½ TL gemahlener Zimt*
- *1 TL Speisestärke*
- *2 TL Kokosöl (oder Sonnenblumenöl)*

Für die Waffeln die Kokosmilch mit 100 ml Wasser in eine Rührschüssel geben. Das Kakaopulver und die Mayonnaise mit den Quirlen des Handrührers untermischen. Das Backpulver mit dem Salz und dem Mehl ebenfalls zugeben und kurz zu einem glatten Teig verrühren. Abgedeckt etwa 15 Minuten ruhen lassen.

Inzwischen die gekühlte Kokosmilch in eine Rührschüssel geben. Die Vanille und den Puderzucker zugeben. Von der Limette ¼ TL Schale fein abreiben und ebenfalls zugeben. Alles mit den Quirlen des Handrührers zu einer cremigen Masse aufschlagen und bis zur Verwendung kühl stellen.

Die Kirschen mit dem Zimt in einen kleinen Topf geben und kurz erhitzen. Die Stärke mit 1 EL Wasser glattrühren und unter Rühren zugeben. Kurz aufkochen und die Kirschen zum Servieren in ein Schälchen füllen.

Ein Waffeleisen vorheizen und das Kokosöl darin zerlassen. Alle Seiten des Eisens damit einstreichen. Nacheinander etwa vier Waffeln auf mittlerer bis hoher Stufe ausbacken und sofort mit der Kokossahne und den warmen Kirschen servieren.

**Tipp:** Damit die Kokossahne schön fest wird, verwendet immer eine Kokosmilch mit möglichst hohem Fruchtfleischanteil von etwa 80–90 Prozent und stellt die Dose über Nacht in den Kühlschrank. Alternativ könnt ihr auch den festgewordenen Teil der Kokosmilch einer herkömmlichen Kokosmilch mit etwa 60 Prozent Kokosanteil verwenden.

# PANCAKES MIT BEEREN

Luftige vegane Pancakes serviert man in Brighton gerne als Türmchen, hübsch verziert mit Beeren. Bei »Munchies' Craft« bekommt ihr sogar blaue Pancakes, die wie der Blue Latte (Seite 104) natürlich mit »Butterfly-Pea-Tea« gefärbt sind. Dafür einfach einen Teelöffel von den getrockneten Blüten in ein Sieb geben und 5 Minuten in der Sojamilch ziehen lassen.

FÜR 2 PORTIONEN BZW. 8 PANCAKES
Zubereitungszeit: etwa 20 Minuten plus 30 Minuten Wartezeit

### FÜR DIE PANCAKES

*125 g Weizenmehl Type 550*

*½ TL Backpulver*

*1 EL Rohrohrzucker*

*1 Prise Salz*

*1 TL Apfelessig*

*125 ml Sojadrink (oder andere pflanzliche Milch)*

### AUSSERDEM

*3 EL Sonnenblumenöl*

*4 EL Golden Syrup zum Garnieren (oder Ahornsirup)*

*1 Handvoll frische Beeren für die Garnitur (z. B. Blau- und Himbeeren)*

Das Mehl mit dem Backpulver, dem Zucker und dem Salz in einer Rührschüssel mischen. Den Apfelessig mit der Sojamilch zugeben und zu einem klümpchenfreien, zähflüssigen Teig vermischen. Abgedeckt etwa 30 Minuten ruhen lassen. Vor dem Braten der Pancakes den Teig immer wieder gut durchrühren.

Das Öl in einer großen Pfanne erhitzen und die Pancakes portionsweise etwa 1–2 Minuten von jeder Seite ausbacken. Dabei aus etwa 1 EL Teig jeweils einen Pancake formen. Je vier Pancakes auf zwei Teller portionieren und mit dem Golden Syrup beträufeln. Mit den Beeren garniert sofort servieren.

# CRUMPETS MIT ORANGENMARMELADE

Der britische Pfannküchlein-Klassiker mal in vegan – und ebenso fluffig und genauso vielfältig einsetzbar. Ich serviere die Crumpets süß mit etwas Margarine und Orangenmarmelade. Ihr könnt den Zucker im Teig jedoch auch weglassen und die Crumpets herzhaft belegen, z. B. mit Avocadoaufstrich.

FÜR 2 PORTIONEN BZW. 12 CRUMPETS

Zubereitungszeit: etwa 35 Minuten plus 1 Stunde Wartezeit

### FÜR DEN TEIG

- *300 ml Sojadrink (oder andere pflanzliche Milch)*
- *1 TL Trockenhefe*
- *1 EL Rohrohrzucker*
- *200 g Weizenmehl Type 550*
- *je ¼ TL Backpulver und Natron*
- *1 EL Apfelessig*
- *1 Prise Salz*

### AUSSERDEM

- *2 EL Sonnenblumenöl*
- *4 EL Orangenmarmelade (siehe Tipp)*
- *4 EL kalte vegane Margarine*

Für den Pfannkuchenteig die Sojamilch im Topf lauwarm erwärmen. Die Hefe und den Zucker zur Sojamilch geben und mit einem Schneebesen unterrühren. Anschließend das Mehl zugeben und alles zu einem glatten Teig verrühren. Abgedeckt etwa 1 Stunde gehen lassen bzw. bis der Teig sein Volumen deutlich vergrößert hat. Danach das Backpulver, das Natron, den Apfelessig und das Salz unterrühren.

1 EL Öl in einer großen Pfanne erhitzen. Vier Dessert-Förmchen (oder Crumpet-/Spiegeleiringe mit etwa 8 cm ø) ebenfalls leicht einfetten und hineinsetzen. Je etwa einen leicht gehäuften EL Pfannkuchenteig pro Förmchen verteilen und bei mittlerer bis hoher Temperatur etwa 5 Minuten backen bzw. bis sich Bläschen an der Oberfläche bilden. Anschließend die Förmchen entfernen, die Crumpets wenden und weitere 2 Minuten backen. Diesen Vorgang zweimal wiederholen. Die Crumpets mit der Orangenmarmelade und Margarinestückchen sofort servieren.

**Tipp:** Auch Lemon-Curd schmeckt toll dazu. Wer mag, aromatisiert die Marmelade zusätzlich mit 1 TL gehackter Thymianblättchen oder Rosmarinnadeln.

# STREETFOOD

PICK UP

# STREETFOOD-TOUR DURCH BRIGHTON

Ihr könnt in Brighton an einer organisierten Vegan-Food-Tour teilnehmen oder euch auf eigene Faust durch das lokale Streetfood-Angebot futtern, um möglichst viele der Leckereien zu probieren, die die Stadt zu bieten hat.

Einen guten Start für die Tour bietet der »Brighton Open Market«. In der überdachten Halle gibt es einige etablierte Shops, Bäckereien und Imbisse, die täglich geöffnet haben. Wer das bunte Treiben in der Halle so richtig genießen möchte, sollte jedoch am Samstag vorbeikommen. Optimalerweise am ersten Samstag des Monats, denn dann findet der »Vegan Market« statt! Food-Manufakturen und Co. sind dort mit Ständen vertreten und präsentieren ihre Produkte – und ihr könnt umso mehr schnabulieren und Neues kennenlernen. Zu den permanenten Cafés im »Open Market« zählt das »Smorl's«. Die Geschwister Sarah und Christian kochten mehrere Jahre lang unabhängig voneinander, bevor sie ihr gemeinsames Café eröffneten, das sich auf perfekten Hummus, Falafel und Salate spezialisiert – alles komplett vegan und zum großen Teil in Bio-Qualität.

Wenn ihr euch anschließend weiter durch die »North Laine« durcharbeitet, erwarten euch famose vegane Donuts im »Down to Earth Coffee«, oder ihr könnt bei »Beelzebab« eine Rast einlegen – der Imbiss befindet sich im »The Hope & Ruin«, einem kunterbunten alternativen Pub, und bietet vieles, was das Fastfood-Herz begehrt: Chili Cheese Fries, Hotdogs und Döner – alles vegan. Sicherlich werdet ihr auf dem Weg die eine oder andere Bäckerei sichten: Schaut auf jeden Fall vorbei, denn die Chancen stehen gut, dass ihr dort vegane »Sausage Rolls« oder »Cornish Pasties« probieren könnt – zwei absolute britische Streetfood-Klassiker!

In den Lanes angekommen, solltet ihr einen »plant based« Burger kosten: entweder bei »The Vurger Co.« oder bei »Oowee«, beide landesweit bekannte und beliebte vegane Burger-Ketten. Bei »Oowee« gibt es außerdem »Dirty Fries« und vegane Fish & Chips. Und »The Vurger Co.« ist bekannt für die verschiedenen selbst gemachten Burger-Saucen. Ein Verkaufshit ist der »New York Melt«-Burger mit Beyond-Meat-Patty und »double vegan cheese«.

Letzter Stopp: Brighton Beach. Oder was wäre ein Ausflug an die englische Küste ohne Fish & Chips? Zum Glück findet sich unweit des Strandes das »The No Catch Co.«, gegründet von Kevin und Ed alias Earthling Ed, einem veganen Speaker und Influencer. Hier könnt ihr zwischen verschiedenen Fisch-Imitaten wählen, und dazu gibt es dicke Fritten und Saucen sowie Beilagen nach Wahl. Zum Beispiel »Tofish Bites« und »Mushy Peas«. Ihr möchtet lieber einen leichteren Snack am Strand schlemmen nach all den Leckereien zuvor? Dann bestellt bei »Happy Maki« einen Sushi-Burrito to go – zum Beispiel den »Thai Sweet Potato« mit Süßkartoffeln, Avocado, Koriander und Teriyakisauce, und genießt ihn bei einem kleinen Strandpicknick.

# BUNTE FALAFEL-BOWL

Auf dem »Brighton Open Market« findet ihr den Stand von »Smorl's« mit orientalischen Köstlichkeiten – schön bunt, aromatisch und gesund. Davon inspiriert ist diese farbenfrohe Falafel-Bowl.

FÜR 2 PORTIONEN

Zubereitungszeit: etwa 1 Stunde 15 Minuten plus 8 Stunden Wartezeit

### FÜR DEN EINGELEGTEN ROTKOHL

- *¼ Rotkohl (etwa 150 g)*
- *100 ml Apfelessig*
- *1 EL Rohrohrzucker*
- *1 TL Kreuzkümmelsamen*
- *1 TL Koriandersamen*
- *Salz*
- *frisch gemahlener schwarzer Pfeffer*

### FÜR DIE FALAFEL

- *200 g getrocknete Kichererbsen*
- *2 Zehen Knoblauch*
- *1 Zwiebel*
- *1 Bund glatte Petersilie (etwa 30 g)*
- *4 Stängel Minze*
- *1 TL gemahlene Kreuzkümmelsamen*

### FÜR DEN SALAT

- *2 Tomaten (etwa 200 g)*
- *¼ Salatgurke (etwa 100 g)*
- *¼ Granatapfel*
- *2 Karotten (etwa 200 g)*
- *50 g Walnusskerne*
- *2 EL Olivenöl*
- *2 EL Zitronensaft plus 1 EL für die Sauce*
- *2 TL Granatapfelsirup (oder Ahornsirup)*

### FÜR DIE SAUCE

- *50 g Tahin (Sesammus)*
- *½ TL Chiliflocken*

Für die Falafel die Kichererbsen in einer abgedeckten Schüssel mit reichlich Wasser über Nacht einweichen lassen. Den Rotkohl in feine Streifen schneiden. Den Apfelessig mit 100 ml Wasser und dem Zucker in einem Topf aufkochen, die Kreuzkümmel- und die Koriandersamen zugeben. Die Mischung salzen und pfeffern und den Rotkohl untermischen. In ein Schraubglas füllen und mit der übrigen Flüssigkeit begießen. Abgedeckt im Kühlschrank über Nacht durchziehen lassen.

Am nächsten Tag die Kichererbsen in ein Sieb abgießen, kalt abbrausen und in einen Mixbehälter geben. Den Knoblauch und die Zwiebel abziehen, grob hacken und zugeben. Die Blättchen der Petersilie und der Minze abzupfen, grob hacken und ebenfalls zugeben. Den Kreuzkümmel, Salz und Pfeffer zugeben und alles fein mixen bzw. pürieren. Aus der Masse walnussgroße Bällchen formen und bis zur Weiterverwendung kühl stellen.

Für den Tomaten-Gurken-Salat die Tomaten und die Gurke etwa 1 cm groß würfeln und in eine Schüssel geben. Die Granatapfelkerne herauslösen und zugeben. Die Blätter der Minze abzupfen, grob hacken und zugeben. Für den Karottensalat die Karotten schälen und grob raspeln. In eine separate Schüssel geben. Die Nüsse in einer Pfanne ohne Fett anrösten, bis sie fein duften, mittelfein hacken und zugeben. Für das Dressing das Olivenöl mit dem Zitronensaft und dem Granatapfelsirup vermischen, salzen, pfeffern und gleichmäßig auf beide Salate verteilen.

Für die Sauce das Tahin in ein Schälchen geben und mit dem Zitronensaft sowie etwa 40 ml kaltem Wasser glattrühren. Mit Salz und den Chiliflocken würzen und bis zur Verwendung kühl stellen. Für die Falafel 300 ml Sonnenblumenöl in einem kleinen Topf erhitzen und die Bällchen darin portionsweise rundherum goldbraun frittieren. Auf Küchenpapier abtropfen lassen und mit den Salaten und dem eingelegten Rotkohl nebeneinander auf zwei Schüsseln portionieren. Mit der Sauce beträufelt servieren und auf Wunsch mit Minze und Schwarzkümmel garnieren.

OLD

# AUBERGINEN-TEMPEH-BURGER

Wer in Brighton vegane Burger schlemmen möchte, hat die Qual der Wahl, denn es gibt gleich mehrere Läden, die sich ausschließlich auf pflanzenbasierte Burger spezialisiert haben, wie »Vurger« oder »Oowee«. Selbst gemacht schmeckt es natürlich trotzdem am besten, wie diese Variante mit würzigen Saucen und den Patties mit ofengerösteter Aubergine und Tempeh!

FÜR 8 BURGER

Zubereitungszeit: etwa 1 Stunde

### FÜR DIE SAUCE

- *4 EL Tomatenmark plus 1 EL für die Patties*
- *2 EL Sojasauce*
- *2 EL Orangenmarmelade*
- *1 TL geräuchertes Paprikapulver plus 1 TL für die Patties*
- *1 EL Zitronensaft*
- *frisch gemahlener schwarzer Pfeffer*

### FÜR DIE PATTIES

- *1 Aubergine (etwa 250 g)*
- *4 EL Bratolivenöl*
- *Salz*
- *1 Glas Kichererbsen (à etwa 220 g Abtropfgewicht)*
- *200 g Tempeh*
- *1 EL Teriyakisauce*
- *2 Zehen Knoblauch*
- *1 TL gemahlene Kreuzkümmelsamen*
- *3 EL Semmelbrösel*

### AUSSERDEM

- *8 Burger-Buns (Seite 36)*
- *4 EL Piccalilli (Seite 44)*
- *½ rote Zwiebel*
- *8 Salatblätter (z. B. von Salatherzen)*
- *1 Handvoll Burger-Gewürzgurken in Scheiben*

Den Backofen auf 200 °C vorheizen. Die Aubergine längs in etwa ½ cm dicke Scheiben schneiden. Auf ein mit Backpapier belegtes Blech legen und mit 2 EL von dem Öl einstreichen. Mit etwas Salz bestreuen und etwa 20 Minuten im Ofen rösten.

Inzwischen für die Sauce das Tomatenmark mit der Sojasauce, der Marmelade, dem Paprikapulver und dem Zitronensaft in einer Schale miteinander vermischen. Ggf. 1–2 EL Wasser zugeben, bis die gewünschte Konsistenz erreicht ist. Mit Salz und Pfeffer abschmecken und bis zur Verwendung kühl stellen.

Für die Patties die Kichererbsen im Sieb abtropfen lassen und kalt abbrausen. Mit den gerösteten Auberginen in eine Rührschüssel geben und fein pürieren. Den Tempeh mittelfein hacken und mit der Teriyakisauce und dem Tomatenmark unterrühren. Den Knoblauch abziehen und dazupressen. Das Paprikapulver, den Kreuzkümmel und die Semmelbrösel zugeben und alles zu einer homogenen Masse vermischen. Mit Salz und Pfeffer abschmecken und aus der Masse acht gleich große Bratlinge formen. Die restlichen 2 EL des Öls in einer großen Pfanne erhitzen und die Patties darin portionsweise von jeder Seite etwa 5 Minuten bei mittlerer bis hoher Temperatur anbraten.

Zum Anrichten die Burger-Brötchen aufschneiden. Die unteren Hälften mit je ½ EL Piccalilli einstreichen. Die Zwiebel abziehen, in feine Halbringe schneiden und darauf verteilen. Je ein Salatblatt daraufgeben und je ein Patty daraufsetzen, mit je etwa 1 TL Sauce bestreichen und mit den Gewürzgurken belegen. Die oberen Brötchenhälften mit der restlichen Sauce bestreichen und die belegten Buns damit bedecken. Sofort servieren.

# PULLED JACKFRUIT SANDWICH

Jackfrüchte sind in Süd- und Südostasien sehr beliebt. Reif schmecken sie intensiv süß, unreif geerntet dagegen kommen sie wie Gemüse für Currys und Salate zum Einsatz. Hierzulande findet man die Früchte in aller Regel in Salzlake eingelegt in Dosen. Für die »Pulled Jackfruit« werden sie mit Gewürzen gebraten und zerfallen dabei in bissfeste Streifen.

FÜR 2 PORTIONEN

Zubereitungszeit: etwa 40 Minuten

### FÜR DEN AUFSTRICH

*½ Apfel*

*2 Cornichons*

*1 rote Zwiebel*

*1 TL Zitronensaft*

*1 TL Rapsöl*

*1 TL mittelscharfer Senf*

*1 TL Ahornsirup*

*Salz*

*frisch gemahlener schwarzer Pfeffer*

*125 g Sojajoghurt*

### FÜR DIE PULLED JACKFRUIT

*1 Dose grüne Jackfrucht (à etwa 240 g Abtropfgewicht)*

*2 EL Sonnenblumenöl*

*2 Zehen Knoblauch*

*3 EL BBQ-Sauce*

*2 EL Tomatenmark*

*2 EL Sojasauce*

### AUSSERDEM

*2 Sandwichbrötchen*

*1 Salatherz*

*frische Korianderblätter für die Garnitur (optional)*

Für den Aufstrich den Apfel vierteln, schälen, entkernen und grob raspeln. Die Cornichons etwa ½ cm groß würfeln. Die Zwiebel abziehen und ein Drittel fein würfeln. Die restliche Zwiebel zur Seite legen. Die Zwiebelwürfel mit dem Apfel und den Cornichons in einer Schale mischen. Den Zitronensaft, das Öl, den Senf und den Sirup zugeben. Mit Salz und Pfeffer würzen und den Sojajoghurt unterrühren. Bis zur Verwendung kühl stellen.

Inzwischen die Jackfrucht im Sieb abtropfen lassen und kalt abbrausen. Die restliche Zwiebel in feine Halbringe schneiden. Das Öl in einer mittelgroßen Pfanne erhitzen. Die Zwiebel darin 5 Minuten braten. Den Knoblauch abziehen, fein würfeln und mit der Jackfrucht zugeben. Weitere 5 Minuten auf hoher Stufe braten. Die BBQ-Sauce mit dem Tomatenmark und der Sojasauce in einem Schälchen mit 100 ml Wasser vermischen und zugeben. Weitere 5–10 Minuten garen, bis die Jackfrucht die Sauce komplett aufgenommen hat.

Die Sandwichbrötchen auf Wunsch in der Pfanne oder im Ofen kurz erwärmen, aufschneiden und beide Schnittflächen gleichmäßig mit dem Aufstrich bestreichen. Das Salatherz in Blätter zerteilen und die Sandwichbrötchen damit auskleiden. Mit »Pulled Jackfruit« befüllen, mit Koriander garnieren und sofort servieren.

# LOADED FRIES

»Loaded Fries« oder auch »Dirty Fries« sind in vielen der Pubs und Imbisse Brightons sehr beliebt. Ob beim Burger-Laden »Oowee« oder im »Beelzebab«: Die knusprigen Fritten werden meist mit einer käseähnlichen Sauce serviert, zusammen mit knusprigen Toppings, wie Veggie-Hack oder Röstzwiebeln.

FÜR 2 PORTIONEN

Zubereitungszeit: etwa 45 Minuten plus 1 Stunde Wartezeit

### FÜR DIE POMMES

*800 g festkochende Kartoffeln*

*Salz*

*1 l Sonnenblumenöl zum Frittieren plus 2 EL für das Veggie-Hack*

### FÜR DIE BLUMENKOHLSAUCE

*150 g frische Blumenkohlröschen oder TK-Blumenkohl*

*1 TL mittelscharfer Senf*

*1 EL helles Mandelmus*

*150 ml Mandeldrink*

*2 EL Hefeflocken*

*¼ TL gemahlene Kurkuma*

*frisch gemahlener schwarzer Pfeffer*

*1 EL Zitronensaft*

*1 EL Tapiokastärke*

### FÜR DAS VEGGIE-HACK

*50 g feine Sojaschnetzel*

*2 Schalotten*

*3 EL Teriyakisauce*

**Tipp:** Die Blumenkohlsauce passt auch gut zu Pasta. Dafür einfach für zwei Portionen 200 g Nudeln al dente kochen und tropfnass mit der Sauce vermischen. Nach Wunsch mit etwas Petersilie und Cashewsan (Seite 32) garniert servieren.

Für die Pommes die Kartoffeln schälen, in etwa 1 cm dicke Stifte schneiden und für etwa 30 Minuten in eine Schüssel mit kaltem Wasser legen. Anschließend abgießen und in einen Topf knapp bedeckt mit Salzwasser geben. Aufkochen und etwa 5 Minuten vorkochen. Abgießen, ausdampfen lassen und auf einem mit Küchenpapier ausgelegtem Backblech verteilen. Mit einer weiteren Schicht Küchenpapier trockentupfen.

Das Öl in einem mittelgroßen Topf auf 175 °C erhitzen und die Kartoffelstifte darin etwa 2 Minuten farblos vorfrittieren. Mit einer Schaumkelle herausnehmen und auf dem mit Küchenpapier belegten Blech verteilen. Nach etwa 30 Minuten das Öl erneut auf 175 °C erhitzen und die Kartoffelstifte darin 3–5 Minuten goldbraun frittieren.

Inzwischen für die Blumenkohlsauce den Blumenkohl in wenig Salzwasser etwa 15 Minuten weich kochen. Abgießen und mit dem Senf, dem Mandelmus und der Mandelmilch mit dem Stabmixer fein pürieren. Die Hefeflocken mit der Kurkuma unterrühren und die Sauce mit Salz, Pfeffer und dem Zitronensaft abschmecken. Die Sauce erneut aufkochen. Die Stärke mit 2 EL kaltem Wasser in einem Schälchen glattrühren, zugeben und unter Rühren dicklich einkochen lassen.

Für das Veggie-Hack die Sojaschnetzel in einer Schüssel mit kochendem Wasser übergießen und 10 Minuten quellen lassen. Anschließend abgießen und im Sieb leicht ausdrücken. Die Schalotten abziehen und fein würfeln. Das Öl in einer kleinen Pfanne erhitzen und die Schalotten darin etwa 3 Minuten anschwitzen. Die Sojaschnetzel zugeben und etwa 5 Minuten auf hoher Stufe braten. Mit der Teriyakisauce ablöschen und unter Rühren weitere 5 Minuten rösten. Die Pommes auf zwei Schalen anrichten, mit der Blumenkohlsauce übergießen und mit dem Veggie-Hack garniert servieren.

# VISH & CHIPS AUS CHICORÉE

Bei »The No Catch Co.« in Brighton gibt es super leckere vegane Fish & Chips. Gegründet 2021 von Ed (alias Earthling Ed) und Kevin, entstand die Idee, in Strandnähe rein pflanzliche Fish & Chips anzubieten. Die panierten Fischimitate bestehen aus Tofu und texturiertem Soja. Daheim verwendet man am besten Austernpilze, Auberginen oder, wie in meiner Version, auch mal Chicorée als »Vish«. Klassische Beilagen sind eine würzige Tartarsauce und »Mushy Peas« – eine tolle Kombi!

FÜR 2 PORTIONEN

Zubereitungszeit: etwa 40 Minuten

### FÜR DIE TARTARSAUCE

*150 g vegane Mayonnaise (siehe Tipp)*
*100 g Sojajoghurt*
*2 TL Zitronensaft plus 1 EL für die Erbsen*
*1 Schalotte*
*1 TL Kapern*
*2 kleine Gewürzgurken*
*1 TL mittelscharfer Senf*
*Salz*
*frisch gemahlener schwarzer Pfeffer*

### FÜR DIE MUSHY PEAS

*250 g TK-Erbsen*
*2 EL Olivenöl*
*3 Stängel Minze plus Blättchen für die Garnitur*
*1 Prise Chiliflocken*

### FÜR DEN CHICORÉE-VISH

*2 Chicorée*
*150 g Weizenmehl Type 550*
*½ TL Backpulver*
*200 ml Bier (oder Sprudelwasser)*
*1 Prise gemahlene Kurkuma*
*750 ml Sonnenblumenöl zum Frittieren*

### AUSSERDEM

*1 Portion Pommes (Seite 87)*
*Zitronenspalten zum Servieren*

Für die Tartarsauce die Mayonnaise mit dem Joghurt in einer Schale mit dem Zitronensaft vermischen. Die Schalotte abziehen, fein würfeln und mit den Kapern zugeben. Die Gewürzgurken abtropfen lassen, etwa ½ cm groß würfeln und mit dem Senf untermischen. Die Sauce mit Salz und Pfeffer abschmecken und bis zur Verwendung kühl stellen.

Für die Mushy Peas die Erbsen in einem Topf mit kochendem Salzwasser etwa 3 Minuten garen. Abgießen und mit dem Zitronensaft und dem Öl mit einem Kartoffelstampfer oder einer Gabel grob zerdrücken. Die Minzeblättchen abzupfen, fein hacken und unterrühren. Mit Salz und den Chiliflocken abschmecken.

Für den Chicorée-Vish einen großen Topf mit Salzwasser aufkochen. Den Chicorée putzen und etwa 3 Minuten blanchieren. Abtropfen lassen, längs halbieren und den Strunk ggf. leicht abschneiden (die Hälften sollten jedoch noch gut zusammenhalten). Für den Backteig das Mehl mit dem Backpulver und 1 TL Salz mischen. Das Bier und die Kurkuma unterrühren, bis ein klümpchenfreier Teig entsteht. Das Öl in einem großen Topf erhitzen. Die Chicoréehälften (siehe Tipp) nacheinander durch den Backteig ziehen, leicht abtropfen lassen und etwa 5 Minuten im heißen Öl goldbraun frittieren. Auf Küchenpapier abtropfen lassen und noch warm mit den Pommes, den Mushy Peas und der Tartarsauce servieren. Die Zitronenspalten dazu anrichten und das Gericht auf Wunsch mit den restlichen Minzeblättchen garnieren.

**Tipp:** Für ein leichtes Meeresaroma die Chicoréehälften zusätzlich mit je einem zugeschnittenen Stück Nori-Algenblatt an der Schnittfläche bedecken, bevor sie in den Backteig kommen.

**TIPP:**

Vegane Mayonnaise könnt ihr mittlerweile in fast jedem Supermarkt kaufen oder einfach selbst machen. Dafür 100 ml Aquafaba (etwa die Flüssigkeit aus einem Glas Kichererbsen) in einen Rührbehälter geben. Je 1 EL mittelscharfen Senf und Apfelessig zugeben und mit dem Stabmixer pürieren, dabei während des Mixvorgangs 200 ml Rapsöl in einem feinen Strahl zugeben. Ist die Mayo noch zu flüssig, so viel Öl zugeben, bis eine cremige Konsistenz entsteht. Die Mayo mit Salz, Pfeffer und ggf. etwas Kala-Namak-Salz würzen. Bis zur Verwendung kühl stellen.

# SCHNELLE ASIA-NUDELSUPPE

Asiatische Nudelsuppen, wie Pho und Ramen, sind vielerorts ein beliebtes Street- und Take-Away-Food, da bildet Brighton keine Ausnahme. In meiner Version findet sich ein Mix aus Einflüssen Japans, Vietnams und Chinas: Die Mie-Nudeln kommen in eine würzige Brühe aus Misopaste, Erdnussmus, Sojasauce und Currypaste, die für ein intensives Umami-Aroma sorgen. Noch etwas knackiges Gemüse dazu sowie Pilze und Tofu, und fertig ist das leckere Soulfood.

FÜR 2 PORTIONEN

Zubereitungszeit: etwa 30 Minuten

### FÜR DIE BRÜHE

*2 Karotten*

*1 Stange Staudensellerie*

*1 haselnussgroßes Stück Ingwer*

*½ rote Chilischote*

*1 Zehe Knoblauch*

*1 Zwiebel*

*1 EL Sonnenblumenöl plus 4 EL zum Braten der Einlage*

*1 EL helle Misopaste*

*1 EL Sojasauce plus 1 EL für die Einlage*

*1 EL Erdnussmus*

*1 TL rote Currypaste (oder Tomatenmark)*

*Salz*

*1 EL Limettensaft*

### AUSSERDEM

*¼ Brokkoli*

*3 Kräuterseitlinge*

*100 g Räuchertofu*

*125 g Mie-Nudeln (ohne Ei)*

*Koriander- und Minzeblätter sowie Chiliringe für die Garnitur (optional)*

*schwarzer Sesam und geröstetes Sesamöl für die Garnitur (optional)*

Für die Brühe die Karotten schälen und leicht schräg in feine Scheiben schneiden. Den Sellerie putzen und in etwa ½ cm große Stücke schneiden. Den Ingwer schälen und fein würfeln. Die Chili auf Wunsch von den Samensträngen befreien und ebenfalls fein würfeln. Den Knoblauch und die Zwiebel abziehen und fein würfeln. Das Öl in einem mittelgroßen Topf erhitzen und das Gemüse darin unter gelegentlichem Rühren etwa 5 Minuten bei mittlerer bis hoher Temperatur anbraten.

Inzwischen für die Würzpaste die Misopaste in einem Schälchen mit der Sojasauce, dem Erdnussmus, der Currypaste und 2–3 EL Wasser glattrühren. Die Würzpaste zum Gemüse geben, kurz unterrühren und mit 500 ml Wasser ablöschen. 10 Minuten köcheln lassen und ggf. auf niedriger Stufe warm halten. Mit Salz und dem Limettensaft abschmecken.

Inzwischen den Brokkoli in daumengroße Röschen zerteilen und in reichlich kochendem Salzwasser etwa 3 Minuten bissfest blanchieren. Kalt abschrecken und zur Seite stellen. Die Pilze längs in etwa ½ cm dicke Scheiben schneiden. 2 EL Öl in einer großen Pfanne erhitzen und die Pilze darin von beiden Seiten goldbraun anbraten. Den Tofu etwa 1 cm groß würfeln. Die restlichen 2 EL Öl in derselben Pfanne erhitzen und den Tofu darin rundherum kross anbraten. Mit der Sojasauce ablöschen, kurz unter Rühren einkochen lassen und zur Seite stellen.

Die Mie-Nudeln nach Packungsanleitung zubereiten und auf zwei Schalen portionieren. Mit dem Brokkoli, den Pilzen und dem Tofu belegen und mit der heißen Brühe übergießen. Auf Wunsch mit dem Koriander, der Minze, der Chili und dem Sesam bestreuen und mit etwas Sesamöl beträufelt servieren.

# SUSHI-BURRITOS

Ganz in der Nähe vom Brighton Beach befindet sich der kleine Laden »Happy Maki«, in dem leckere und ausschließlich vegane Sushi-Burritos angeboten werden. Eine etwas gesündere Alternative zu den sonst gängigen Fish & Chips-, Hotdog- und Eiscreme-Angeboten entlang des Strands. Auch zu Hause lassen sich die Sushi-Burritos einfach zubereiten und eignen sich ebenso prima zum Mitnehmen.

### FÜR 4 SUSHI-BURRITOS

Zubereitungszeit: etwa 1 Stunde

- *250 g Sushireis*
- *Salz*
- *50 ml Reisessig*
- *1 TL Rohrohrzucker*
- *1 Süßkartoffel*
- *1 EL Sonnenblumenöl*
- *150 g Räuchertofu*
- *¼ Salatgurke*
- *1 Avocado*
- *1 EL Limettensaft*
- *2 Prisen Chilipulver*
- *1 TL geröstetes Sesamöl*
- *4 Nori-Algenblätter*
- *4 TL vegane Mayonnaise*
- *½ TL Chiliöl*
- *1 Handvoll eingelegter Sushi-Ingwer*
- *1 Handvoll frische Korianderblätter*
- *1 EL gerösteter schwarzer Sesam*
- *4 Salatblätter (z. B. von Salatherzen)*

Den Sushireis im Sieb unter fließendem Wasser gut waschen und nach Packungsanleitung in Salzwasser garen. In einem kleinen Schälchen den Reisessig mit 2 Prisen Salz und dem Zucker vermischen, bis sich der Zucker auflöst. Den Reis zum Abkühlen in eine Schüssel umfüllen und mit der Essigmischung vermengen.

Den Backofen auf 200 °C vorheizen. Die Süßkartoffel schälen und in etwa 1–1 ½ cm dicke Scheiben schneiden. Auf einem mit Backpapier ausgelegten Blech verteilen, mit dem Bratöl einstreichen, mit Salz bestreuen und etwa 20 Minuten backen. Inzwischen den Tofu abtropfen lassen und quer in vier gleich große Scheiben schneiden, die Scheiben nochmals längs halbieren. Die Gurke waschen und in etwa 1 cm dicke Stifte schneiden. Die Avocado halbieren, den Kern entfernen und das Fruchtfleisch in eine Schale geben. Mit dem Limettensaft, dem Chilipulver und dem Sesamöl mit einer Gabel fein zerdrücken und mit Salz abschmecken.

Die Noriblätter mit der glatten Seite nach unten auf die Arbeitsfläche legen. Darauf mit angefeuchteten Händen je ein Viertel der Reismischung verteilen, dabei rundherum etwa ½ cm Rand frei lassen. Jeweils das untere Drittel gleichmäßig mit der Avocadomischung bestreichen. Die Süßkartoffelscheiben in etwa 1–1 ½ cm dicke Stifte schneiden, in einem Streifen mit den Tofu- und Gurkenstiften auf der Avocadocreme verteilen und leicht festdrücken. Die Mayonnaise mit dem Chiliöl vermischen und über die Füllung klecksen. Den eingelegten Ingwer darauf verteilen. Den Koriander grob hacken und mit dem Sesam darübergeben. Je ein Salatblatt über die Füllung legen und alles von unten nach oben mit gleichmäßigem Druck einrollen. Ggf. für den Transport zusätzlich in je ein Stück Butterbrotpapier wickeln. Zum Servieren die Rollen mit einem scharfen Messer halbieren.

# KIMCHI-HOTDOGS

Inspiriert von den »Kraut-Dogs« bei »Beelzebab« in Brighton, die mit Sauerkraut serviert werden, sind diese Hotdogs mit würzig-asiatischer Note. Lecker als Snack oder zum Fernsehabend. Wer mag, serviert dazu zusätzlich Loaded Fries (Seite 87).

FÜR 4 HOTDOGS

Zubereitungszeit: etwa 20 Minuten

- *4 Hotdog-Brötchen (siehe Tipp)*
- *4 EL vegane Mayonnaise*
- *2 TL Mango-Chutney (Seite 42, oder Fertigprodukt)*
- *½ Frühlingszwiebel plus einige Ringe für die Garnitur*
- *Salz*
- *Chiliflocken*
- *2 EL Sonnenblumenöl*
- *4 Seitan-Würstchen (Seite 41, oder Fertigprodukt)*
- *4 EL Kimchi*

### AUSSERDEM

- *Senf und Chilisauce (z. B. Sriracha) zum Beträufeln*
- *4 EL Röstzwiebeln für die Garnitur*
- *Petersilie für die Garnitur*

Die Hotdog-Brötchen auf Wunsch kurz aufbacken oder in der Pfanne erhitzen und längs bis fast zum Ende aufschneiden. Die Mayonnaise in einer Schale mit dem Mango-Chutney vermischen. Die Frühlingszwiebel in feine Röllchen schneiden und zugeben. Die Sauce mit Salz und Chili abschmecken. Beide Hälften der Hotdog-Brötchen gleichmäßig mit der Sauce bestreichen.

Das Bratöl in einer großen Pfanne erhitzen und die Würstchen darin auf hoher Stufe rundherum etwa 5 Minuten anbraten. Jeweils mittig in die Hotdog-Brötchen geben und mit je 1 EL Kimchi belegen. Die Hotdogs zusammenklappen und mit dem Senf und der Chilisauce beträufelt servieren. Mit den Röstzwiebeln, der grob zerrupften Petersilie und den Frühlingszwiebelringen garnieren.

**Tipp:** Wer selbst Hotdog-Brötchen backen möchte, orientiert sich am Rezept für die bunten Burger-Buns (Seite 36) und formt statt runder längliche Brötchen aus dem Teig.

# GYROS-TELLER

Auch Döner und Gyros haben Brighton in ihren pflanzlichen Varianten erobert. Der Laden »What The Pitta« serviert übrigens einen veganen Döner, dessen Rezept von einem Onkel des Besitzers aus Freiburg stammt.

FÜR 2 PORTIONEN

Zubereitungszeit: etwa 30 Minuten

### FÜR DEN SALAT

- *¼ Weißkohl (etwa 170 g)*
- *Salz*
- *100 g Salatgurke*
- *100 g Cocktailtomaten*
- *1 Frühlingszwiebel*
- *2 EL Olivenöl plus 1 TL für die Sauce*
- *2 EL Weißweinessig*
- *frisch gemahlener schwarzer Pfeffer*

### FÜR DIE KNOBLAUCHSAUCE

- *200 g Sojajoghurt*
- *½ Bund Dill plus etwas mehr für die Garnitur (optional)*
- *1 Zehe Knoblauch*
- *1 unbehandelte Zitrone*

### AUSSERDEM

- *Seitan-Gyros (Seite 40)*
- *4 kleine Pitabrote oder -taschen*
- *4 eingelegte Peperoni*

Für die Salatbeilage den Weißkohl quer in feine Streifen schneiden. Mit 2 Prisen Salz in einer Schüssel vermischen und etwa 15 Minuten Wasser ziehen lassen. Anschließend mit den Händen durchkneten. Die Gurke waschen, längs vierteln und in etwa ½ cm dicke Stücke schneiden. Die Tomaten waschen und vierteln. Die Frühlingszwiebel in feine Ringe schneiden. Die Gurke mit den Tomaten und der Frühlingszwiebel in einer separaten Schale mischen. Für das Dressing das Öl mit dem Essig vermischen und mit Salz und Pfeffer abschmecken. Jeweils die Hälfte auf beide Salate verteilen und gut vermischen.

Für die Knoblauchsauce den Joghurt in eine Schale füllen. Die Dillspitzen abzupfen, fein hacken und untermischen. Die Knoblauchzehe abziehen und dazupressen. Etwa ¼ TL der Zitronenschale fein abreiben und mit dem Öl zugeben. Die Sauce mit Salz und Pfeffer abschmecken und bis zur Verwendung kühl stellen.

Das Gyros und die Pitabrote kurz erwärmen. Die Peperoni abtropfen lassen. Das Gyros auf zwei große Teller mit je der Hälfte der Salate portionieren und mit der Sauce anrichten. Die Peperoni daraufgeben und das Gericht auf Wunsch mit Dill garnieren. Die Pitabrote ggf. in kleine Ecken schneiden und zum Gyros-Teller reichen.

**Tipp:** Statt das Gericht auf einem Teller anzurichten, könnt ihr die Pitataschen auch mit der Sauce bestreichen und gleichmäßig mit den Salaten und dem Gyros füllen.

**TIPP:**

Die Kichererbsen-Einweichflüssigkeit (Aquafaba) am besten auffangen und für andere Rezepte aufbewahren (z. B. für die vegane Mayo auf Seite 89, die Sour-Drinks auf Seite 167 oder die Schokomousse auf Seite 118).

# CORNISH PASTIES

Von Brighton aus erreicht man schnell die Kreidefelsen »Seven Sisters«. Leider war es an diesem Tag besonders regnerisch und nebelig, weshalb wir die schönen Landschaften nicht gebührend genießen konnten. Entschädigt wurden wir durch herrlich warme Cornish Pasties, die in einem Café am Ende der Wanderung angeboten wurden – vegan, mit würziger Curryfüllung!

FÜR 4 STÜCK

Zubereitungszeit: etwa 1 Stunde 20 Minuten plus 40 Minuten Backzeit

### FÜR DEN TEIG

- *300 g Weizenmehl Type 550 plus etwas mehr zum Bearbeiten*
- *Salz*
- *150 g kalte vegane Margarine*

### FÜR DIE FÜLLUNG

- *400 g Blumenkohl*
- *1 Glas Kichererbsen (à etwa 220 g Abtropfgewicht)*
- *2 Schalotten*
- *2 Zehen Knoblauch*
- *1 rote Chilischote*
- *1 walnussgroßes Stück Ingwer*
- *2 EL Bratolivenöl*
- *2 EL Tomatenmark*
- *2 TL Currypulver*
- *1 EL Rosinen (optional)*

### AUSSERDEM

- *1 EL Sojadrink (oder andere pflanzliche Milch)*
- *1 TL Ahornsirup*
- *Schwarzkümmelsamen und Minzeblättchen für die Garnitur (optional)*

Für den Teig das Mehl in einer Rührschüssel mit 1 TL Salz mischen. Die Margarine in Stückchen darauf verteilen und 100 ml kaltes Wasser zugeben. Alles zügig mit den Händen verkneten, auf leicht bemehlter Arbeitsfläche grob eckig ausrollen und die schmaleren Teigseiten einmal nach innen umeinander falten. Vorgang dreimal wiederholen und den Teig in ein Bienenwachstuch oder Frischhaltefolie einschlagen. Mindestens 1 Stunde kühl stellen.

Inzwischen für die Füllung den Blumenkohl putzen, den Strunk entfernen und in etwa 1 cm große Röschen zerteilen. Die Kichererbsen in einem Sieb abgießen und kalt abbrausen (siehe Tipp). Die Schalotten und den Knoblauch abziehen und fein hacken. Die Chili längs aufschneiden, auf Wunsch den Samenstrang entfernen, und fein würfeln. Den Ingwer schälen und fein würfeln. Das Öl in einem mittelgroßen Topf erhitzen und die Schalotten mit dem Knoblauch, der Chili und dem Ingwer darin etwa 3 Minuten anschwitzen. Das Tomatenmark und das Currypulver unterrühren und 1 Minute mitrösten. Den Blumenkohl und die Kichererbsen zugeben und 2 Minuten unter Rühren braten. Mit 100 ml Wasser ablöschen, die Rosinen zugeben und im geschlossenen Topf etwa 15–20 Minuten garen. Anschließend die Füllung mit Salz abschmecken und abkühlen lassen.

Den Backofen auf 200 °C vorheizen. Den Teig in vier gleich große Portionen teilen und jede Portion auf leicht bemehlter Arbeitsfläche rund ausrollen (etwa 22 cm ø). Die Ränder leicht mit Wasser bestreichen. Je ¼ der Füllung mittig auf einer Teighälfte verteilen, dabei einen etwa 1–2 cm breiten Rand frei lassen. Die unbelegten Teighälften darüberklappen, die Ränder festdrücken und leicht umklappen. Die Teigtaschen auf ein mit Backpapier belegtes Blech setzen und mit einem Messer diagonal dreimal an der Oberfläche einschneiden. Die Sojamilch in einem Schälchen mit dem Ahornsirup verrühren und die Teigtaschen damit bestreichen. Etwa 40 Minuten goldbraun backen, kurz abkühlen lassen und am besten noch warm servieren. Auf Wunsch mit Schwarzkümmel und Minze garnieren.

# TEATIME

FRUIT TARTS
FRANGIPANE TARTS

1ST

feta spinach borek
Cinnamon Roll
Chocolate Vanilla Cake 3.00
fruit danish 3.25
ALMOND CROISSANT 3.25

24

# EINE TEEPAUSE IN BRIGHTON

Die britische Tradition des »Afternoon-Tea« wird natürlich auch in Brighton zelebriert. Ganz offiziell mit allem Drum und Dran – sprich, zum Tee werden herzhafte Häppchen und eine Etagere mit süßem Gebäck und kleinen, feinen Desserts gereicht. Oft gibt es ein Glas Sekt dazu, um dem Nachmittag das Krönchen aufzusetzen. Wer es einfacher mag, bestellt in einem der Cafés »Cream Tea«, dann gibt's neben dem Kännchen Tee Scones mit »Clotted Cream« und Marmelade. Die moderne Form einer Teepause könnt ihr euch schließlich auch gönnen: zum Beispiel einen Tee und ein Stück Kuchen beim Bäcker oder in einem Coffee Shop bestellen.

Wem der Sinn nach einem Tee steht, findet bei »Bird & Blend« eine schöne Auswahl an Tees und Teemischungen. In dem Shop könnt ihr nicht nur leckere Souvenirs kaufen, sondern für unterwegs auch Tee-Latte to go bestellen. Süße Leckereien findet ihr ganz sicher in einer nahegelegenen Bäckerei, die oft verschiedene vegane Optionen an süßem Gebäck anbietet, wie beispielsweise »The Flour Pot Bakery«, welche mit mehreren Filialen in Brighton vertreten ist. Ein Verkaufsschlager dort sind die veganen »Coconut Pain au Chocolat«. Diese sind so beliebt, dass sie meistens schon frühmorgens ausverkauft sind. Wollt ihr sie also zum nachmittäglichen Tee genießen, solltet ihr schon am Morgen vorsorgen oder online vorbestellen. Auch in der Bäckerei im »Infinity Foods«-Shop findet ihr eine große Auswahl an süßem, veganem Gebäck.

Für einen Nachmittagstee im klassischen Sinn solltet ihr hingegen mehr Zeit einplanen, denn die Teezeremonie wird üblicherweise genüsslich und in aller Ruhe zelebriert. Dabei kommen die einzelnen Komponenten nacheinander auf den Tisch, so als ob ihr euch in einem Restaurant ein Drei-Gänge-Dinner gönnen würdet. Entsprechend höherpreisig ist das Teeerlebnis, lohnt sich jedoch definitiv, wenn ihr auch diese kulinarische Seite Englands kennenlernen möchtet. Einen komplett veganen Afternoon-Tea kann man beispielsweise im »The Grand Brighton« buchen, bei »Metrodeco« oder im zentral gelegenen »Terre à Terre«. Das vegetarische Restaurant gibt es bereits seit 1993, es bietet eine mannigfaltige Auswahl an veganen Köstlichkeiten an. Beim Afternoon-Tea erwartet euch dort eine Mischung aus mediterranen, asiatischen und britischen Einflüssen – ein kreatives Potpourri an Aromen. Als herzhafte Snacks serviert man unter anderem »Kentucky Fried Cauliflower« – mit einer dunklen Ume-Miso-Glasur auf cremigem Blumenkohlpüree oder Algen-Tapioka-Cracker mit eingelegtem Gemüse. Neben den obligatorischen Scones bekommt man als weitere süße Highlights ein Orangen-Polenta-Küchlein mit Clementinen-Sorbet, Meringue mit rosa Pfefferbeeren, Kokoscreme und Baby-Sauerampfer sowie ein Schoko-Haselnuss-Küchlein und einen Mini-»Brandy Alexander Shake«. Hier wird schnell klar: So eine Tea-Time ist ein kleines Fine-Dining-Erlebnis!

Wer zur richtigen Zeit in der Stadt ist, sprich zur Hauptsaison, und früh genug bucht, kann die klassische Tea-Time sogar noch einmal auf die Spitze treiben, und zwar während einer Fahrt mit dem »Brighton Regency Routemaster«, einem roten doppelstöckigen Vintage-Bus. Während die Sightseeing-Spots und die Küste Brightons an euch vorbeiziehen, könnt ihr auf dieser ungewöhnlichen Fahrt entspannt kleine Sandwiches und süße Leckereien schlemmen – wahlweise komplett vegan und auf Wunsch mit einem Gin-Cocktail zusätzlich zum Tee.

# BLUE LATTE

Im »Oeuf« in Brighton bekommt man hübsche bunte Lattes serviert, und jedes Mal gibt es neue Kreationen. Bei meinem Besuch wurden Zuckerwatte- und Lavendel-Latte angeboten. Inspiriert davon ist dieser Blue Latte, der durch die blauen Schmetterlingsblüten seine intensive Farbe erhält. Die Blüten selbst stammen aus Südostasien und sollen beruhigend wirken. Da das Kraut koffeinfrei ist, eignet es sich hervorragend als Schlummertrunk.

### FÜR 2 PORTIONEN

Zubereitungszeit: etwa 7 Minuten

*4 TL Butterfly-Pea-Tea (bzw. Anchan-Tee)*
*½ TL getrocknete Lavendelblüten*
*2 Prisen Bourbon-Vanillepulver*
*1–2 TL Agavendicksaft (oder Zucker, optional)*
*80 ml aufschäumbarer Pflanzendrink (z. B. Barista-Hafermilch)*

### AUSSERDEM

*Earl-Grey-Tee (oder mehr Lavendelblüten) für die Garnitur*

Den Butterfly-Pea-Tea mit den Lavendelblüten und dem Vanillepulver in einem Schälchen mischen und gleichmäßig auf zwei Teesiebe verteilen. Jedes Teesieb in einen Becher oder ein Glas (à etwa 250 ml) geben und mit je 200 ml kochendem Wasser übergießen. 3–5 Minuten ziehen lassen und die Teesiebe entfernen. Den Tee auf Wunsch mit Agavendicksaft süßen. Die aufschäumbare Pflanzenmilch in einem kleinen Topf erwärmen und mit dem Milchaufschäumer verquirlen. Gleichmäßig auf beiden Tees verteilen und auf Wunsch mit etwas zerbröseltem Earl-Grey-Tee oder Lavendelblüten garnieren.

**Tipp:** Wer gerne Tee mit einem Schuss Zitronensaft trinkt: Der Butterfly-Pea-Tea reagiert mit der Säure und verwandelt sich von Blau zu Violett – ein hübscher Effekt, jedoch kann es sein, dass die aufgeschäumte Milchalternative dadurch etwas ausflockt.

# CHELSEA BUNS

»Chelsea Buns« sind das britische Pendant zu skandinavischen Zimtschnecken und werden im Königreich bereits seit dem 18. Jahrhundert gebacken. Die fluffigen Schnecken kommen meist in eine eckige Form, sind daher oft quadratisch mit einer Füllung aus Trockenfrüchten.

FÜR 6 STÜCK

Zubereitungszeit: etwa 45 Minuten plus 2 Stunden Wartezeit

### FÜR DEN TEIG

- *250 g Weizenmehl Type 550 plus etwas mehr zum Bearbeiten*
- *½ Würfel frische Hefe (21 g)*
- *1 EL Rohrohrzucker plus 40 g für die Füllung*
- *150 ml Sojadrink (oder andere pflanzliche Milch)*
- *25 g vegane Margarine plus 25 g für die Füllung und etwas mehr für die Form*
- *1 Prise Salz*
- *1 unbehandelte Limette*

### FÜR DIE FÜLLUNG

- *100 g gemischte Trockenfrüchte (z. B. Rosinen und gehackte Aprikosen)*
- *1 TL gemahlener Zimt*

### FÜR DIE GLASUR

- *1 EL Orangenmarmelade*
- *40 g Puderzucker*

Für den Teig das Mehl in eine Rührschüssel geben. Eine Mulde hineindrücken und die Hefe hineinkrümeln. Mit dem Zucker bestreuen. Die Sojamilch mit der Margarine in einem kleinen Topf zerlassen, lauwarm abkühlen lassen und die Hälfte über die Hefe gießen. Mit etwas Mehl vom Rand verrühren, bis sich die Hefe auflöst. Abgedeckt 15 Minuten ruhen lassen. Anschließend die restliche Sojamilch-Margarine-Mischung sowie das Salz zugeben. Die Schale von der Limette fein abreiben. Ein Drittel davon zum Teig geben und den Rest des Schalenabriebs für die Füllung und die Glasur zur Seite stellen. Den Teig mit den Händen oder den Knethaken des Handrührers mindestens 5 Minuten kräftig kneten. An einem warmen Ort etwa 1 Stunde gehen lassen bzw. bis sich das Teigvolumen verdoppelt hat.

Inzwischen für die Füllung die Trockenfrüchte in einer Schale mit dem Zucker, dem Zimt, 1 EL Saft von der Limette und der Hälfte des übrigen Schalenabriebs vermischen. Die Margarine in einer kleinen Pfanne zerlassen. Eine eckige Backform (etwa 18 x 22 cm) einfetten. Den Teig erneut auf leicht bemehlter Arbeitsfläche durchkneten und zu einem etwa 22 mal 28 cm großen Rechteck ausrollen. Mit der geschmolzenen Margarine bestreichen. Gleichmäßig mit der Trockenfrüchtemischung belegen und diese leicht andrücken. Alles von der langen Seite her aufrollen, in sechs gleich große Scheiben schneiden und mit der Schnittfläche nach oben nebeneinander mit etwas Platz zueinander in die Backform setzen. Abgedeckt weitere 45 Minuten gehen lassen. Den Backofen auf 180 °C vorheizen und die Schnecken etwa 25 Minuten goldbraun backen.

Für die Glasur die Marmelade in einem Schälchen mit 1–2 TL Wasser glattrühren. Den Puderzucker in einer separaten Schale mit 1 EL Wasser glattrühren und den restlichen Limettenschalenabrieb unterrühren. Die noch warmen Schnecken sofort mit der Orangenmarmelade bestreichen, abkühlen lassen und mit der Zuckerglasur beträufelt servieren.

# STICKY TOFFEE PUDDING

Als Pudding bezeichnet man in England anders als bei uns teigige Küchlein – die Konsistenz liegt dabei irgendwo zwischen Kuchen und Auflauf (wie zum Beispiel auch der herzhafte Yorkshire Pudding auf Seite 140). Zudem steht Pudding oft synonym für Dessert. Wenn also jemand fragt: »What's for pudding?«, dann möchte er oder sie wissen, was es zum Nachtisch gibt. Der Sticky Toffee Pudding gehört dabei zu den absoluten Klassikern der britischen Küche.

FÜR 4 PORTIONEN

Zubereitungszeit: etwa 25 Minuten plus 30 Minuten Wartezeit

### FÜR DEN PUDDING

- *100 g Datteln ohne Stein (z. B Medjool-Datteln)*
- *150 ml Sojadrink (oder andere pflanzliche Milch)*
- *80 g vegane Margarine plus etwas mehr für die Förmchen*
- *80 g Rohrohrzucker*
- *100 g Weizenmehl Type 505*
- *1 TL Lebkuchengewürz*
- *¼ TL Backpulver*
- *1 Prise Salz*

### FÜR DIE KARAMELLSAUCE

- *50 g Kokosblütenzucker (oder Rohrohrzucker)*
- *100 ml zimmerwarme cremige Kokosmilch (oder Sojacreme)*
- *1 Prise Meersalzflocken*

Für den Pudding die Datteln etwa ½ cm groß würfeln, in einem kleinen Topf mit der Sojamilch aufkochen und 2 Minuten köcheln lassen. Anschließend mit dem Stabmixer fein pürieren. Die Margarine darin zerlassen und den Zucker unterrühren. Das Mehl mit dem Lebkuchengewürz, dem Backpulver und dem Salz kurz untermischen. Den Backofen auf 180 °C vorheizen. Vier ofenfeste Förmchen (z. B. Souffléförmchen à etwa 125 ml) einfetten, den Teig gleichmäßig darin verteilen und etwa 20–25 Minuten backen.

Inzwischen für die Karamellsauce den Zucker in einer kleinen Pfanne karamellisieren lassen. Unter ständigem Rühren mit dem Schneebesen die Kokosmilch langsam zugeben. Die Sauce mit dem Salz würzen und abkühlen lassen. Den Pudding aus dem Ofen nehmen, in den Förmchen etwa 10 Minuten abkühlen lassen, anschließend auf kleine Teller stürzen und mit der Karamellsauce servieren.

**Tipp:** Außerdem passt zum Pudding auch gut veganes Vanilleeis oder ein Apfel- oder Birnenkompott.

# AFTERNOON-TEA-ETAGERE

Trifft man sich in England nachmittags zum »Cream Tea«, dann gibt es meist Scones und Tee. Bei der Afternoon-Tea-Zeremonie hingegen kommt eine Etagere mit verschiedenen Gebäcken und Desserts auf den Tisch – manchmal auch begleitet von herzhaften Häppchen, wie Gurkensandwiches und Co. Neben Tee trinkt man gelegentlich auch noch ein Glas Sekt dazu.

## SCONES

FÜR 6–8 STÜCK

Zubereitungszeit: etwa 20 Minuten plus 25 Minuten Backzeit

- *300 g Weizenmehl Type 550 plus etwas mehr zum Bearbeiten*
- *½ TL Backpulver*
- *1 Prise Salz*
- *2 EL Rohrohrzucker*
- *80 g kalte vegane Margarine*
- *125 ml Sojadrink (oder andere pflanzliche Milch) plus 1 TL für die Glasur*

### AUSSERDEM

- *1 TL Ahornsirup*
- *veganer Frischkäse zum Servieren (Seite 25, oder Kokossahne Seite 70)*
- *Himbeer- oder Erdbeerkonfitüre zum Servieren*

Den Backofen auf 200 °C vorheizen. Das Mehl mit dem Backpulver, dem Salz und dem Zucker in einer Rührschüssel vermischen. Die Margarine in Stückchen zugeben und mit den Fingerspitzen einarbeiten, bis ein krümeliger Teig entsteht. Die Sojamilch zugeben, kurz zu einem glatten Teig vermischen und etwa 4 cm dick auf bemehlter Arbeitsfläche ausrollen. Mit einem runden Ausstecher oder einem Glas (6–7 cm ø) etwa sechs bis acht Kreise ausstechen, dabei den übrigen Teig immer wieder neu ausrollen und ausstechen, bis er komplett verbraucht ist.

Die Teigkreise auf ein mit Backpapier belegtes Blech setzen. Für die Glasur die Sojamilch und den Ahornsirup in einem Schälchen verrühren und die Teigkreise an der Oberfläche leicht damit einstreichen. Etwa 20–25 Minuten goldbraun backen und mit veganem Frischkäse und Konfitüre servieren.

## SCHOKOKÜCHLEIN

FÜR 24 STÜCK

Zubereitungszeit: etwa 25 Minuten plus 25 Minuten Backzeit

- *200 g Weizenmehl Type 550*
- *130 g Rohrohrzucker*
- *35 g Kakaopulver*
- *¾ TL Backpulver*
- *1 Prise Salz*
- *1 Prise Bourbon-Vanillepulver*
- *100 g vegane Margarine*
- *60 ml aufgebrühter Espresso*
- *1 TL Apfelessig*
- *130 ml Sojadrink (oder andere pflanzliche Milch)*

### AUSSERDEM

- *50 ml Kokosmilch*
- *100 g vegane Zartbitterschokolade*
- *kandierter Ingwer für die Garnitur (optional)*

Den Backofen auf 180 °C vorheizen. Das Mehl mit dem Zucker, dem Kakaopulver, dem Backpulver, dem Salz und dem Vanillepulver in einer Rührschüssel vermischen. Die Margarine in einem kleinen Topf zerlassen, den Espresso zugeben und beides kurz abkühlen lassen. Mit dem Essig und der Sojamilch zu den trockenen Teigzutaten geben und kurz zu einem glatten, zähflüssigen Teig vermischen. Die Mulden einer 24-Mini-Muffinform einfetten und gleichmäßig mit dem Teig befüllen. Etwa 20–25 Minuten backen und abkühlen lassen.

Für die Glasur die Kokosmilch in ein Wasserbad geben. Die Schokolade grob hacken, zugeben und im Wasserbad zerlassen. Die abgekühlten Küchlein damit bestreichen und auf Wunsch mit dem kandierten Ingwer garniert servieren.

**Tipp:** Dieselbe Menge reicht auch für eine herkömmliche Zwölfer-Muffinform. Dann ggf. die Küchlein 5–10 Minuten länger backen.

## BANOFFEE DESSERT

FÜR 6 PORTIONEN

Zubereitungszeit: etwa 30 Minuten

### FÜR DEN KEKSBODEN

- *100 g vegane Kekse*
- *50 g vegane Margarine plus 1 EL für die Creme*
- *200 g veganer Mascarpone*
- *1 TL Zitronensaft*
- *1 EL Puderzucker*
- *1 Prise Bourbon-Vanillepulver*
- *1 Banane*

### FÜR DIE KARAMELLCREME

- *75 g Rohrzucker*
- *200 ml Kokosmilch (oder Sojacreme)*
- *1 Prise Meersalzflocken*

Die Kekse in einem großen Mörser nacheinander fein zerstoßen oder alternativ in einem verschließbaren Plastikbeutel mithilfe eines Nudelholzes fein zermahlen. Die Margarine in einem kleinen Topf zerlassen und sofort mit den Kekskrümeln vermischen. Die Mischung gleichmäßig auf sechs Dessertgläser (à etwa 100 ml) verteilen.

Den veganen Mascarpone in einem Schälchen mit dem Zitronensaft, dem Puderzucker und dem Vanillepulver glattrühren. Die Creme in den Gläschen auf der Keksschicht verteilen. Die Banane in etwa ½ cm dicke Scheiben schneiden und auf der Creme verteilen.

Für die Karamellcreme den Zucker in einer mittelgroßen Pfanne karamellisieren lassen. Unter ständigem Rühren langsam die Kokosmilch und die Margarine unterrühren und mit dem Meersalz verfeinern. Leicht abkühlen lassen und in die Dessertgläser träufeln. Am besten leicht gekühlt servieren.

# MILLIONAIRES SHORTBREAD

Shortbread getoppt mit einer Karamellschicht und Schokolade: In kleine Vierecke geschnitten ergibt das einen besonders leckeren süßen Snack – perfekt zum Nachmittagstee.

FÜR ETWA 25 STÜCK

Zubereitungszeit: etwa 40 Minuten plus 4 Stunden 30 Minuten Wartezeit

### FÜR DAS SHORTBREAD

- *100 g Weizenmehl Type 550*
- *25 g Speisestärke*
- *2 EL Rohrohrzucker plus 200 g für das Karamell*
- *1 Prise Salz*
- *80 g kalte vegane Margarine plus 100 g für das Karamell und etwas mehr für die Form*

### FÜR DAS KARAMELL

- *400 ml Kokosmilch*
- *1 Prise Meersalzflocken plus etwas mehr für die Garnitur*

### AUSSERDEM

- *100 g vegane Zartbitterschokolade*
- *1 TL Kokosöl (oder mehr vegane Margarine)*

Den Backofen auf 180 °C vorheizen. Eine eckige Backform (etwa 20 x 20 cm) einfetten. Für das Shortbread das Mehl mit der Stärke, dem Zucker und dem Salz in einer Rührschüssel vermischen. Die Margarine in Stückchen zugeben und mit den Fingerspitzen einarbeiten, bis ein krümeliger Teig entsteht. 1–2 EL kaltes Wasser zugeben, kurz zu einem glatten Teig verkneten und mit den Händen in die Form drücken. Mit einer Gabel mehrmals einstechen und etwa 15–20 Minuten backen.

Inzwischen für die Karamellschicht die Kokosmilch mit 100 g von dem Zucker in einem Topf aufkochen und bei niedriger Temperatur im offenen Topf etwa 45 Minuten auf etwa 200 ml einkochen, dabei ab und zu umrühren. Anschließend die restlichen 100 g Zucker in einem Topf mit der Margarine erhitzen, etwa 3 Minuten kochen, die Kokosmilchmischung zugeben und weitere 5 Minuten unter Rühren kochen. Gleichmäßig auf dem Teig verteilen und abkühlen lassen.

Die Schokolade grob hacken und mit dem Kokosöl im Wasserbad schmelzen lassen. Gleichmäßig auf der Karamellschicht verteilen und mindestens 4 Stunden kühl stellen. Anschließend in etwa 4 mal 4 cm große Stücke schneiden und auf Wunsch mit den Meersalzflocken garniert servieren.

# BAKED BLUEBERRY CHEESECAKE

Der Kuchenklassiker schmeckt auch ohne Eier und Milchprodukte ganz fantastisch. Besonders cremigen veganen Cheesecake habe ich übrigens als Dessert bei »Purezza« gegessen, einer Pizzeria, die sich auf vegane Pizzen spezialisiert hat.

FÜR 1 SPRINGFORM (À 20 CM Ø) BZW. 8 STÜCKE

Zubereitungszeit: etwa 30 Minuten plus 9 Stunden Wartezeit

### FÜR DEN TEIG

*150 g vegane Kekse*

*50 g vegane Margarine plus 50 g für die Füllung und etwas mehr für die Form*

### FÜR DIE FÜLLUNG

*400 g Seidentofu (oder Sojajoghurt)*

*300 g veganer Frischkäse (Seite 25, oder Fertigprodukt)*

*80 g Rohrohrzucker plus 2 EL für die Sauce*

*1 unbehandelte Zitrone*

*35 g Speisestärke plus 1 TL für die Sauce*

*2 Prisen Bourbon-Vanillepulver*

*1 Prise Salz*

### FÜR DIE SAUCE

*200 g TK-Blaubeeren*

### AUSSERDEM

*Minze für die Garnitur (optional)*

Für den Teig die Kekse im Mixer oder portionsweise in einem Mörser fein hacken bzw. zerstoßen. Die Margarine in einem kleinen Topf zerlassen und sofort gleichmäßig mit den Keksbröseln vermischen. Eine Springform (à 20 cm ø) einfetten und den Keksteig gleichmäßig hineindrücken, dabei einen etwa 2 cm hohen Rand formen. Kühl stellen, bis die Füllung fertig ist.

Für die Füllung den Seidentofu mit dem Frischkäse in eine Rührschüssel geben. Die Margarine in einem kleinen Topf zerlassen und mit dem Zucker zugeben. Alles mit den Quirlen des Handrührers zu einer glatten Masse mixen. ½ TL Schale von der Zitrone fein abreiben und 2 EL Saft auspressen, beides mit der Stärke, dem Vanillepulver und dem Salz zugeben und kurz unterrühren.

Den Backofen auf 180 °C vorheizen. Die Füllung gleichmäßig in der Form auf dem Keksteig verteilen und ggf. leicht glattstreichen. Etwa 1 Stunde goldbraun backen. Anschließend im ausgeschalteten Ofen bei leicht geöffneter Tür etwa 30 Minuten abkühlen lassen. Sobald der Kuchen lauwarm ist, kühl stellen (am besten über Nacht).

Für die Sauce die Blaubeeren in einen kleinen Topf geben und mit dem Zucker aufkochen. Die Stärke in einem kleinen Schälchen mit 2 EL kaltem Wasser glattrühren, zugeben und 1 Minute sprudelnd kochen lassen. Den Kuchen mit der Sauce bestreichen, in etwa acht Stücke portionieren und auf Wunsch mit Minze garniert servieren.

# SCHOKOLADEN-MOUSSE

Zum Nachtisch gab es im »Indian Summer« köstliche Schokomousse, serviert in Teetassen – britischer kann man das beliebte Dessert nicht präsentieren! Dank aufgeschlagenem Aquafaba gelingt die Mousse wie das Original auch ohne Eier schön locker luftig.

FÜR 6 PORTIONEN

Zubereitungszeit: etwa 30 Minuten plus 4 Stunden Wartezeit

*150 g vegane Zartbitterschokolade plus einige Raspel für die Garnitur*

*200 ml Sojacreme (oder andere Pflanzensahne)*

*3 EL Rohrohrzucker*

*2 Prisen Bourbon-Vanillepulver*

*1 Prise Salz*

*100 ml Aquafaba (Kichererbsen-Einlegewasser)*

*¼ TL Apfelessig*

Die Schokolade grob raspeln. Die Sojacreme in einem kleinen Topf mit dem Zucker, der Vanille und dem Salz erhitzen. Vom Herd ziehen und die Schokoladenraspel unter Rühren darin schmelzen lassen. Lauwarm abkühlen lassen.

Inzwischen das Aquafaba mit dem Apfelessig in eine Rührschüssel geben und mit den Quirlen des Handrührers auf höchster Stufe etwa 10–15 Minuten steif schlagen, bis die Masse Spitzen zieht und man die Schüssel ohne Probleme kopfüber drehen kann. Zunächst zwei gehäufte Esslöffel des Aquafaba-Schnees unter die Schokocreme heben und anschließend die Schokocreme unter den restlichen Schnee heben. Auf Teetassen oder Dessertgläser (à etwa 150–200 ml) verteilen und mindestens 4 Stunden (oder über Nacht) kühl stellen. Auf Wunsch mit Schokoraspeln garniert servieren.

**Tipp:** Wer mag, garniert die Mousse zum Beispiel mit Kokossahne (Seite 70) sowie etwas Kardamom. Ebenso lecker: Zusammen mit der Sojacreme einen Teebeutel Chai-Tee kurz aufkochen und 5 Minuten darin ziehen lassen. Anschließend den Teebeutel entfernen, die Creme erneut kurz erhitzen und dann die Schokolade wie beschrieben darin schmelzen lassen.

# CARROT CAKE MIT LIMETTEN-FROSTING

Ein Klassiker (vermutlich nicht nur in den Cafés in Brighton): Carrot Cake! Schmeckt mir am besten, wenn er schön saftig und würzig ist und mit viel frischer Creme daherkommt. Diese Variante aus der Kastenform gelingt zudem super einfach.

FÜR 1 KASTENFORM (À 25 CM) BZW. 12 STÜCKE

Zubereitungszeit: etwa 30 Minuten plus 45 Minuten Backzeit

### FÜR DEN TEIG

- *3 Karotten (etwa 300 g)*
- *125 g Rohrzucker*
- *1 TL gemahlener Zimt*
- *1 TL gemahlener Ingwer*
- *½ TL gemahlener Kardamom*
- *2 Prisen Muskat*
- *1 Prise Salz*
- *150 g Apfelmus*
- *1 EL Apfelessig*
- *100 g vegane Margarine plus etwas mehr für die Form*
- *2 EL geschrotete Leinsamen*
- *250 g Weizenmehl Type 550*
- *100 g gemahlene geröstete Haselnusskerne*
- *1 TL Backpulver*
- *1 TL Natron*

### FÜR DAS FROSTING

- *300 g zimmerwarmer veganer Frischkäse (Seite 25, oder Fertigprodukt)*
- *80 g Puderzucker*
- *1 unbehandelte Limette*
- *1 Prise Bourbon-Vanillepulver*

### AUSSERDEM

- *50 g Walnusskerne*

Den Backofen auf 180 °C vorheizen. Für den Teig die Karotten schälen und fein raspeln. In einer Rührschüssel mit dem Zucker, den Gewürzen, dem Apfelmus und dem Apfelessig vermischen. Die Margarine in einem kleinen Topf zerlassen und unterrühren. Die Leinsamen in einem Schälchen mit 6 EL heißem Wasser verrühren und 5 Minuten quellen lassen, anschließend ebenfalls zugeben. Das Mehl mit den gemahlenen Nüssen, dem Backpulver und dem Natron kurz untermischen und den Teig gleichmäßig in eine gefettete Kastenform füllen. Etwa 45 Minuten goldbraun backen. Anschließend Stäbchenprobe machen und den Kuchen ggf. für weitere 5–15 Minuten fertig backen.

Inzwischen für das Frosting den Frischkäse mit dem Puderzucker in eine Rührschüssel geben. ½ TL Schale von der Limette fein abreiben und mit dem Vanillepulver zugeben. 1 EL Saft auspressen und ebenfalls zugeben. Alles mit den Quirlen des Handrührers kurz verrühren und bis zur Verwendung kühl stellen. Den Kuchen in der Form komplett abkühlen lassen, stürzen und mit der Hälfte der Frischkäsecreme bestreichen. Die Walnüsse mittelfein hacken und den Kuchen damit garnieren. Für ein optimales Ergebnis den Kuchen vor dem Anschneiden mindestens 2 Stunden kühl stellen. Mit der übrigen Frischkäsecreme servieren (siehe Tipp).

**Tipp:** Ich reiche die übrige Creme gerne einfach im Schälchen zum Kuchen. Wer mag, kann jedoch den abgekühlten Kuchen längs einmal halbieren und ihn zusätzlich in der Mitte mit der Hälfte der Creme bestreichen.

# FLAPJACK

Die britische Variante von Müsliriegeln erinnert mehr an Küchlein oder Desserts als an einen gesunden Snack, da hier etwas mehr Fett und Sirup in die Masse kommen. Schmeckt zum Tee hervorragend! Wer mag, verfeinert sie zusätzlich mit Nüssen, Kernen oder Kokosraspeln.

FÜR ETWA 12 STÜCK

Zubereitungszeit: etwa 25 Minuten plus 2 Stunden Wartezeit

### FÜR DIE RIEGEL

*125 g vegane Margarine*

*75 g Rohrohrzucker*

*75 g Golden Syrup (oder Ahornsirup)*

*1 Prise Bourbon-Vanillepulver*

*1 Prise Meersalzflocken*

*200 g Haferflocken Feinblatt*

### AUSSERDEM

*40 g vegane Zartbitterschokolade*

*½ TL Kokosöl*

Den Backofen auf 180 °C vorheizen. Die Margarine in einem Topf mit dem Zucker, dem Golden Syrup, dem Vanillepulver und dem Salz erhitzen, bis die Margarine geschmolzen ist. Die Haferflocken gleichmäßig unterrühren. Eine rechteckige Form (etwa 18 x 22 cm) mit Backpapier auskleiden, die Haferflockenmischung gleichmäßig hineinfüllen und die Oberfläche glattstreichen. Etwa 25 Minuten backen bzw. bis die Ränder goldbraun sind.

In der Form 15 Minuten abkühlen lassen, anschließend aus der Form heben und bei Zimmertemperatur weitere 30 Minuten komplett abkühlen lassen. Die Schokolade grob hacken und mit dem Kokosöl im Wasserbad zerlassen. Den Haferflockenkuchen damit beträufeln und die Schokoglasur aushärten lassen. In etwa zwölf rechteckige Stücke schneiden und servieren. Die Flapjacks lassen sich etwa 1 Woche im Kühlschrank lagern.

# MINCE PIES

Zur Adventszeit in England ein Muss – die Mince Pies gibt es dann im ganzen Land in allen Bäckereien und Supermärkten zu kaufen. Wie bei uns Zimtsterne, Vanillekipferl und Co. läuten sie die Vorweihnachtszeit ein.

FÜR 12 STÜCK

Zubereitungszeit: etwa 1 Stunde 45 Minuten plus 30 Minuten Backzeit

### FÜR DIE FÜLLUNG

*300 g gemischte Trockenfrüchte (z. B. Cranberries, Kirschen, Aroniabeeren und Pflaumen)*

*1 säuerlicher Apfel*

*1 unbehandelte Orange*

*1 unbehandelte Zitrone*

*50 g Rohrohrzucker plus 80 g für den Teig*

*50 g vegane Margarine plus 170 g für den Teig, kalt, plus etwas mehr für die Form*

*½ TL gemahlener Zimt*

*½ TL gemahlener Ingwer*

*¼ TL gemahlener Kardamom*

*2 Prisen Muskat*

*25 g Mandelstifte*

*2 EL Brandy (alternativ Rum oder Amaretto)*

### FÜR DEN TEIG

*250 g Weizenmehl Type 550*

*1 Prise Salz*

### AUSSERDEM

*Puderzucker zum Bestäuben*

Für die Füllung die Trockenfrüchte grob hacken. Den Apfel vierteln, entkernen, schälen und grob reiben. Die Orangen- und die Hälfte der Zitronenschale fein abreiben. Alles in einen Topf geben und die ganze Orange dahinein auspressen sowie die Hälfte der Zitrone. Den Zucker, die Margarine und die Gewürze zugeben und die Mischung auf mittlerer Stufe etwa 10 Minuten unter gelegentlichem Rühren im offenen Topf so lange kochen, bis eine kompakte Masse entsteht bzw. bis die Flüssigkeit fast vollständig verdampft ist. Die Mandelstifte grob hacken und mit dem Brandy unterrühren. Das »Mince Meat« komplett abkühlen lassen.

Inzwischen für den Teig das Mehl mit dem Salz und dem Zucker in einer Rührschüssel mischen. Die kalte Margarine in Stückchen zugeben und alles mit den Händen oder den Knethaken des Handrührers zu einem krümeligen Teig verkneten. 2–3 EL kaltes Wasser zugeben und alles zügig zu einem festen, möglichst glatten Teig verkneten. Die Mulden einer Zwölfer-Muffinform einfetten und etwa ¾ des Teigs gleichmäßig darauf verteilen. Den Teig in den Mulden samt dem Rand mit den Händen festdrücken. Die Form und den restlichen Teig in Folie gewickelt mindestens 30 Minuten kühl stellen.

Den Backofen auf 180 °C vorheizen. Die Füllung gleichmäßig auf die Teigmulden verteilen und etwas glattstreichen. Den restlichen Teig ausrollen und zwölf Sterne ausstechen. Je einen Stern auf die Füllung setzen und die Pies etwa 30–35 Minuten goldbraun backen. Abkühlen lassen und auf Wunsch mit Puderzucker bestäubt servieren.

# DINNER

HOT PIZZA
COLD BEERS
Share space
PIZZA PILGRIMS

# KREATIVES VEGANES DINNER IN BRIGHTON

In der momentan vegan-freundlichsten Stadt der Welt ist die Auswahl an möglichen Restaurants für einen kulinarisch erlebnisreichen Abend überwältigend. Egal, ob romantisch zu zweit, mit Freunden oder der Familie – für jeden Anlass gibt es in der Stadt die passende Location. Und auch die Vielfalt der Länderküchen, die ihr probieren könnt, ist groß, denn neben klassisch und modern interpretierter britischer Küche lassen sich Köche und Köchinnen gerne von mediterranen, orientalischen oder beispielsweise asiatischen Aromen inspirieren. Ebenso profitiert Brighton von den vielen Gastronominnen und Gastronomen aus aller Welt, die in der Küstenstadt authentische Gerichte ihrer Heimatländer zubereiten. Die Restaurants haben übrigens manchmal auch ganztägig oder mittags geöffnet, sodass ihr die Leckereien ebenso zum Lunch kosten könnt.

Typisch britisch ist zum Beispiel der familiäre »Sunday Roast«. Anders als bei dem uns bekannten Sonntagsbraten trifft man sich hier jedoch entspannt in einem Gastro-Pub. »The Roundhill Pub« ist solch einer, und das Besondere: Hier werden ausschließlich vegane Speisen zubereitet. Ihr könnt zwischen drei verschiedenen »Braten« wählen, wie einem Nussbraten, einem Wellington oder einem »Seitan-Brisket«, und dazu kommen allerlei Gemüsebeilagen, eine Bratensauce und »Yorkshire Pudding«. Ein schönes Erlebnis, das jedoch tatsächlich nur sonntags angeboten wird, daher lieber frühzeitig reservieren. Jeden Tag geöffnet hat dagegen zum Beispiel »The Flint House« in den Lanes, das auch mal britische Küche bzw. regionale Lebensmittel neu in Szene setzt. Besonders begeistert war ich von dem gerösteten Spitzkohl mit einem Dressing aus eingelegten Walnusskernen!

Mediterrane Aromen spielen im vegetarischen Restaurant »Food for Friends« eine große Rolle, und das schon seit 1981 – vegane Optionen gibt es hier viele. Auf der Speisekarte findet ihr zum Beispiel ein Erbsen-Minz-Risotto oder Kürbis-Rigatoni mit frittierten Kapern. Im »Botanique« dagegen könnt ihr komplett vegan schlemmen. Hier gibt es Fine-Dining in ungezwungener Atmosphäre, die Gerichte sind ebenfalls von der Mittelmeerküche inspiriert. Während meines Besuches gab es zum Beispiel Rote-Bete-Carpaccio und Pimientos de Padrón mit Mandelcreme und eingelegtem Rhabarber. Wer lieber mit Freunden Pizza essen möchte, geht zu »Purezza«. Die dort im Steinofen gebackenen Pizzen sind alle vegan und werden mit selbst gemachtem pflanzlichen Käse verfeinert.

Und wenn man Lust auf asiatische Küche hat, muss man in Brighton ebenfalls nicht lange suchen. Besonders kreativ und auch ein wenig in Richtung Fine-Dining gehen die Küchen bei »Kusaki« und »Bonsai Plant Kitchen« – beide komplett vegan und von fernöstlicher und südostasiatischer Kochkunst inspiriert. In den trendigen Locations werden zudem erfrischende Cocktails gemixt. Und in beiden Fällen könnt ihr aus einer Vielzahl kleiner Gerichte wählen – toll zum Teilen mit Freunden, um möglichst viele spannende Kreationen auszuprobieren. Nicht zuletzt solltet ihr euch von der Vielfalt indischer Küchen in Brighton überzeugen. Das vegane Thali bei »The Chili Pickle« war für mich ein Highlight, ebenso wie »Gol Gappa«, eine überraschende und aromatische indische Vorspeise. Das große Restaurant ist bunt und modern zugleich eingerichtet, und es wird auf hohem Niveau gekocht. Familiär und gemütlich geht es bei »Manju's« zu. Hier steht noch immer die bereits 86-jährige Manju in der Küche (die übrigens mit ihren Töchtern im stolzen Alter von 80 das Restaurant eröffnet hat!). Dort erwarten euch aromatische Gerichte, wie die Teigtaschen »Kachori« mit scharfer Erbsenfüllung oder Zucchini-»Bhaji« mit Tomaten-Chutney. Kleiner Wermutstropfen: Das Restaurant hat an nur drei Tagen in der Woche offen und ist super beliebt. Spontan Entschlossene müssen früh kommen, um noch ein Plätzchen zu ergattern.

# WELLINGTON MIT PILZEN UND SÜSSKARTOFFELFÜLLUNG

Beim »Sunday Roast« im »The Roundhill Pub« in Brighton werden ausschließlich vegane Braten serviert – Seitan-Brisket, Nutroast oder auch ganz klassisch ein Wellington – eben nur rein pflanzlich. Für ein besonderes Sonntagsmahl oder an Festtagen genau das Richtige.

FÜR 4 PORTIONEN

Zubereitungszeit: etwa 1 Stunde 15 Minuten plus 1 Stunde Wartezeit

### FÜR DIE PILZFÜLLUNG

*300 g braune Champignons*

*1 Zwiebel*

*1 Zehe Knoblauch*

*2 EL Sojasauce*

*frisch gemahlener schwarzer Pfeffer*

### FÜR DIE SÜSSKARTOFFELFÜLLUNG

*700 g Süßkartoffeln*

*1 EL Bratolivenöl plus 2 EL für die Pilzfüllung*

*Salz*

*150 g Cashewkerne*

*100 g Naturtofu*

*60 g Semmelbrösel*

*1 unbehandelte Limette*

*¼ TL Chiliflocken*

*½ TL gemahlene Kurkuma*

### AUSSERDEM

*1 Packung veganer Blätterteig (aus dem Kühlregal à etwa 275 g)*

*1 EL Sojadrink (oder andere pflanzliche Milch)*

*1 EL Ahornsirup*

*1 EL schwarzer Sesam*

*Petersilie für die Garnitur (optional)*

Den Backofen auf 200 °C vorheizen. Die Süßkartoffeln schälen und in etwa 3 cm große Stücke schneiden. Auf einem mit Backpapier belegten Blech mit dem Öl und Salz mischen und etwa 25 Minuten im Ofen rösten. Inzwischen für die Pilzfüllung die Champignons putzen und etwa 1 cm groß würfeln. Die Zwiebel und den Knoblauch abziehen und fein würfeln. Das Öl in einer mittelgroßen Pfanne erhitzen und die Pilze darin mit den Zwiebeln und dem Knoblauch etwa 10 Minuten bei mittlerer Temperatur braten. Mit der Sojasauce ablöschen und unter Rühren einkochen lassen. Mit Salz und Pfeffer würzig abschmecken und mit dem Stabmixer grob pürieren.

Für die Süßkartoffelfüllung die Cashewkerne mit dem Tofu in einen Mixbehälter geben. Die gerösteten Süßkartoffeln zugeben und alles fein pürieren. Den Backofen weiterhin auf 200 °C belassen. Die Semmelbrösel unterrühren. 1 TL der Limettenschale fein abreiben und mit den Chiliflocken und der Kurkuma zugeben. Alles gut vermischen und mit Salz abschmecken.

Den Blätterteig auf der Arbeitsfläche auf dem mitgelieferten Papier ausrollen und zwei Drittel der Pilzfüllung mittig im Rechteck darauf verteilen. Dabei zu den langen Seiten hin jeweils etwa 15 cm Rand frei lassen und etwa 2 cm zu den oberen Seiten. Die Süßkartoffelfüllung kompakt auf der Pilzmasse verteilen und mit der restlichen Pilzfüllung bedecken – dabei die Pilze leicht in die Süßkartoffelfüllung drücken. Die freiliegenden langen Blätterteigseiten in etwa 2 cm breite Streifen schneiden und kreuzweise über die Füllung legen – dabei leicht andrücken. Die schmalen Teigseiten jeweils oben und unten an den Teig drücken. Ggf. entstandene Lücken mit übriggebliebenen Teigstücken bedecken. Die Sojamilch in einem kleinen Schälchen mit dem Ahornsirup mischen und die Teigoberfläche gleichmäßig damit bestreichen. Mit dem Sesam bestreuen und etwa 35–45 Minuten goldbraun backen. Vor dem Anschneiden etwa 15 Minuten abkühlen lassen. Den Braten in etwa 3 cm dicke Scheiben schneiden und mit einer der beiden Saucen und Beilagen (Seite 136), auf Wunsch mit Petersilie garniert, servieren.

# SAUCEN UND BEILAGEN ZUM SUNDAY ROAST

In vielen Gastro-Pubs Brightons trifft man sich am Sonntagmittag oder frühen Nachmittag mit Freunden oder der Familie zum Sunday Roast. Meistens kann man zwischen verschiedenen Braten bzw. Hauptspeisen wählen, die jedoch mit denselben Beilagen aufgetischt werden. Mit dabei ist immer viel Sauce, Gemüsebeilagen und oft Yorkshire Pudding (Seite 140).

## DUNKLE ROTWEIN-BRATENSAUCE

FÜR 4 PORTIONEN
Zubereitungszeit: etwa 35 Minuten plus 20 Minuten Wartezeit

- *1 Zwiebel*
- *1 Karotte*
- *1 Stange Staudensellerie*
- *15 g getrocknete Shiitake (oder Steinpilze)*
- *2 EL Bratolivenöl*
- *2 EL Tomatenmark*
- *1 EL Sojasauce*
- *100 ml trockener Rotwein*
- *300 ml Gemüsebrühe*
- *2 Zweige Thymian*
- *1 Lorbeerblatt*
- *Salz*
- *frisch gemahlener schwarzer Pfeffer*
- *1 EL Speisestärke*

Die Zwiebel abziehen und fein würfeln. Die Karotte schälen und ebenfalls fein würfeln. Den Sellerie putzen und in etwa ½ cm dicke Stücke schneiden. Die Pilze in einer Schüssel mit 100 ml kochendem Wasser übergießen und etwa 10 Minuten ziehen lassen.

Das Öl in einem kleinen Topf erhitzen. Die Zwiebeln mit den Karotten- und Selleriestücken darin bei mittlerer bis hoher Temperatur etwa 7–10 Minuten unter gelegentlichem Rühren anbraten. Das Tomatenmark unterrühren und 1 Minute mitrösten. Die Sojasauce zugeben und einkochen lassen. Alles mit dem Wein ablöschen und fast komplett einkochen lassen.

Die Pilze aus dem Sud nehmen und in ½ cm dicke Streifen schneiden. Samt dem Sud zur Sauce geben und alles mit der Brühe auffüllen. Die Thymianzweige mit dem Lorbeerblatt zugeben und die Sauce im offenen Topf 20 Minuten köcheln lassen. Anschließend durch ein Sieb passieren, erneut aufkochen und mit Salz und Pfeffer abschmecken. Die Stärke mit einer Kelle der Sauce in einem Schälchen glattrühren, wieder zugeben und unter Rühren leicht dicklich einkochen lassen. Noch warm servieren oder zum Beispiel in Eiswürfelformen füllen und einfrieren.

## HELLE MISO-BRATENSAUCE

FÜR 4 PORTIONEN

Zubereitungszeit: etwa 25 Minuten

- *1 Zwiebel*
- *2 EL Bratolivenöl*
- *2 EL helle Misopaste*
- *1 EL helles Mandelmus*
- *200 ml Gemüsebrühe*
- *200 ml Sojacreme (oder andere pflanzliche Sahne)*
- *1 EL Hefeflocken*
- *Salz*
- *frisch gemahlener weißer Pfeffer*
- *1 EL Speisestärke*
- *1–2 EL Zitronensaft*
- *Petersilie für die Garnitur (optional)*

Die Zwiebel abziehen und fein würfeln. Das Öl in einem kleinen Topf erhitzen und die Zwiebel darin bei mittlerer bis hoher Temperatur etwa 10 Minuten unter gelegentlichem Rühren anbraten. Die Misopaste und das Mandelmus unterrühren und alles mit der Brühe glattrühren. Die Sojacreme zugeben und die Sauce 5 Minuten köcheln lassen. Dabei mit den Hefeflocken sowie mit Salz und Pfeffer würzen. Die Stärke mit 2 EL der Sauce glattrühren, wieder zugeben und unter Rühren kochen, bis die Sauce leicht andickt. Mit dem Zitronensaft abschmecken, auf Wunsch mit Petersilie garnieren und noch warm servieren.

## ROASTIES – KNUSPRIGE OFENKARTOFFELN

FÜR 4 PORTIONEN

Zubereitungszeit: etwa 20 Minuten plus 1 Stunde Wartezeit

- *800 g vorwiegend festkochende Kartoffeln*
- *Salz*
- *2 EL Weizenmehl Type 550*
- *3 EL Bratolivenöl*

Die Kartoffeln schälen. Kleine Exemplare ganz belassen, größere halbieren oder vierteln. In wenig kaltes Salzwasser geben, aufkochen und 5 Minuten vorkochen. Abgießen, ausdampfen lassen und mit dem Mehl bestäuben. Im Topf schwenken, bis alle Kartoffeln vom Mehl bedeckt sind. Abkühlen lassen. Den Backofen auf 200 °C vorheizen. Die Kartoffeln mit dem Öl vermischen und auf einem mit Backpapier ausgelegten Blech verteilen. Etwa 45 Minuten goldbraun und knusprig backen, dabei nach der Hälfte der Backzeit einmal wenden. Noch warm servieren.

## GERÖSTETE, GLASIERTE PASTINAKEN UND KAROTTEN

FÜR 4 PORTIONEN

Zubereitungszeit: etwa 15 Minuten plus 30 Minuten Backzeit

- *3 Pastinaken*
- *3 Karotten*
- *2 EL Bratolivenöl*
- *1 EL Ahornsirup*
- *1 TL Thymianblättchen*
- *Salz*
- *2 Prisen Chiliflocken*

Den Backofen auf 200 °C vorheizen. Die Pastinaken und die Karotten schälen und je nach Dicke längs halbieren oder vierteln. Auf einem mit Backpapier belegtem Blech verteilen. Das Öl in einem Schälchen mit dem Sirup und den Thymianblättchen vermischen und mit Salz und den Chiliflocken würzen. Das Gemüse mit der Sauce gleichmäßig vermischen und etwa 30 Minuten backen. Noch warm servieren.

## ROSENKOHL MIT HASELNUSSGLASUR

FÜR 4 PORTIONEN

Zubereitungszeit: etwa 25 Minuten plus 10 Minuten Wartezeit

- *300 g Rosenkohl*
- *1 EL Bratolivenöl*
- *Salz*
- *1 Handvoll Haselnusskerne*
- *1 EL Haselnussmus*
- *1 unbehandelte Zitrone*
- *1 TL Ahornsirup*
- *1 TL Sojasauce*
- *1 Prise Chiliflocken*

Den Rosenkohl putzen und auf einem mit Backpapier belegten Blech mit dem Öl und dem Salz mischen. Etwa 30 Minuten im Ofen rösten. Inzwischen die Nüsse grob hacken und in einer kleinen Pfanne ohne Fett anrösten, bis sie fein duften. Das Nussmus in ein Schälchen geben. ¼ TL Schale von der Zitrone fein abreiben und 2 EL Saft auspressen. Den Saft zum Nussmus geben und den Abrieb in einem weiteren Schälchen mit den gerösteten Nüssen mischen. Zum Nussmusmix den Ahornsirup und die Sojasauce zugeben und esslöffelweise so viel Wasser unterrühren, bis eine dickliche Creme entsteht. Mit Salz und den Chiliflocken abschmecken. Den gerösteten Rosenkohl noch warm in einer Schale mit der Haselnusscreme mischen und mit den gerösteten Nüssen garniert servieren.

# YORKSHIRE PUDDING

Zum Sunday Roast als Beilage oft ein Muss: Yorkshire Pudding – darunter versteht man muffinähnliches, herzhaftes Gebäck, leicht souffléartig und außen kross mit einer Mulde in der Mitte, die sich besonders gut zum Aufsaugen der Saucen eignet.

FÜR 6 STÜCK

Zubereitungszeit: etwa 20 Minuten plus 1 Stunde Wartezeit

- *100 g Weizenmehl Type 550*
- *50 g Kichererbsenmehl*
- *½ TL Backpulver*
- *¼ TL Salz*
- *¼ TL Kala Namak (Schwefelsalz, oder mehr herkömmliches Salz)*
- *¼ TL gemahlene Kurkuma*
- *1 TL Senfmehl*
- *200 ml Sojadrink (oder andere Pflanzenmilch)*
- *80 ml Aquafaba (Kichererbsen-Einlegewasser)*
- *1 EL Apfelessig*
- *6 TL Bratolivenöl*

Das Weizenmehl mit dem Kichererbsenmehl in einer Rührschüssel mit dem Backpulver, dem Salz, dem Kala Namak, der Kurkuma und dem Senfmehl vermischen. Die Sojamilch mit dem Aquafaba und dem Essig zugeben und mit einem Schneebesen zu einem glatten, zähflüssigen Teig vermischen. Abgedeckt 30 Minuten ruhen lassen. Vor der Verwendung nochmals gut durchrühren.

Den Backofen auf 210 °C vorheizen. Sechs Mulden einer Muffinform mit je 1 TL Öl befüllen und etwas an den Rändern verstreichen. Die Form etwa 10 Minuten in den Ofen stellen bzw. bis das Öl heiß ist und es beim Öffnen des Ofens etwas raucht. Anschließend das Blech herausholen, den Ofen schließen und den Teig zügig und gleichmäßig auf die Mulden mit dem heißen Öl verteilen. Sofort wieder in den Ofen stellen und etwa 25–30 Minuten backen, bis die Yorkshire Puddings goldbraun sind. Warm oder abgekühlt als Beilage zum Sunday Roast servieren.

# ROTE-BETE-CAPRESE & BOHNEN-CROSTINI MIT ROTWEINZWIEBELN

Hier kommen zwei Antipasti-Lieblinge zusammen auf den Tisch als leichtes Dinner. Der winterliche Caprese schmeckt am besten mit selbst gemachtem Cashew-Mozzarella (Seite 26)!

FÜR 2 PORTIONEN

Zubereitungszeit: etwa 1 Stunde

### FÜR DIE CROSTINI

- *300 g rote Zwiebeln*
- *50 ml Bratolivenöl plus 1 EL für den Caprese*
- *2 TL Rohrohrzucker*
- *2 EL Portwein*
- *100 ml trockener Rotwein*
- *frisch gemahlener schwarzer Pfeffer*
- *1 TL getrocknete italienische Kräuter*
- *1 Glas weiße Bohnen (à 220 g Abtropfgewicht)*
- *2 Zehen Knoblauch*
- *1 unbehandelte Zitrone*
- *2 EL Olivenöl plus 2 EL für den Caprese*
- *1 Ciabatta*

### FÜR DEN CAPRESE

- *3 Rote Beten (etwa 400 g)*
- *Salz*
- *2 unbehandelte Orangen*
- *1 EL Balsamico-Essig*
- *½ TL scharfer Senf*
- *20 g Kapern*
- *20 g Pinienkerne*
- *etwa 100 g Cashew-Mozzarella (Seite 26, oder Fertigprodukt)*
- *Basilikum für die Garnitur*

Die Rote Bete in einem großen geschlossenen Topf mit reichlich Salzwasser etwa 45 Minuten auf mittlerer Stufe weichkochen. Inzwischen für die Crostini die Zwiebeln abziehen, halbieren und in feine Streifen schneiden. Das Bratöl in einer mittelgroßen Pfanne erhitzen und die Zwiebeln darin etwa 5 Minuten unter gelegentlichem Rühren anbraten. Den Zucker zugeben und unter Rühren leicht karamellisieren lassen. Mit dem Port- und dem Rotwein ablöschen und etwa 20 Minuten bei mittlerer Temperatur fast komplett einkochen lassen. Mit Salz, Pfeffer und ½ TL italienischen Kräutern würzen und zur Seite stellen.

Die Bohnen in einem Sieb abgießen und kalt abbrausen. In einen Mixbehälter geben. Den Knoblauch abziehen, grob hacken und zugeben. Mit dem Stabmixer cremig pürieren. ½ TL Schale von der Zitrone abreiben und mit 1 EL ausgepresstem Zitronensaft sowie 1 EL Olivenöl unterrühren. Mit Salz, Pfeffer und ½ TL italienischen Kräutern würzen. Den Backofen auf 200 °C vorheizen. Das Ciabatta in etwa 1 ½ cm dicke Scheiben schneiden, auf einem mit Backpapier belegten Blech verteilen, mit 1 EL Olivenöl beträufeln und etwa 10 Minuten knusprig backen.

Für den Caprese die Orangen filetieren und aus den Resten etwa 2 EL Saft auspressen. Für das Dressing den Saft mit dem Essig, dem Senf, dem Olivenöl, Salz und Pfeffer verrühren. Die Kapern abgießen und mit Küchenpapier trockentupfen. Das Bratöl in einer kleinen Pfanne erhitzen und die Kapern darin etwa 2 Minuten knusprig frittieren. Auf Küchenpapier abtropfen lassen. Die Pinienkerne in einer kleinen Pfanne ohne Fett goldbraun rösten und für die Garnitur zur Seite stellen. Die Rote Bete schälen und in feine Scheiben schneiden. Leicht überlappend und abwechselnd mit den Orangenfilets auf einem großen Teller anrichten. Mit dem Dressing beträufeln und den Cashew-Mozzarella darüber zerzupfen. Mit den Kapern, den Pinienkernen und dem Basilikum garnieren. Die gerösteten Ciabattascheiben gleichmäßig mit der Bohnencreme bestreichen und mit den Rotweinzwiebeln belegen. Zum Caprese-Salat servieren.

# PIZZA MIT GEGRILLTER ZUCCHINI UND PISTAZIENPESTO

Bei »Purezza« in Brighton gibt es seit 2015 ausschließlich vegane Pizzen. Von ihren leckeren Kreationen inspiriert ist auch meine Variante mit Zucchini und Pistazienpesto.

FÜR 2 PIZZEN

Zubereitungszeit: etwa 1 Stunde plus 1 Stunde 25 Minuten Wartezeit

### FÜR DEN TEIG

*250 g Pizzamehl Type 00 (oder Dinkelmehl Type 630) plus etwas mehr zum Bearbeiten*

*½ Würfel Hefe (etwa 21 g)*

*½ TL Rohrohrzucker plus 1 Prise für die Tomatensauce*

*1 EL Olivenöl plus 1 EL für das Pesto*

*Salz*

### FÜR DIE TOMATENSAUCE

*1 Schalotte*

*1 Zehe Knoblauch plus 1 mehr für das Pesto*

*1 EL Bratolivenöl*

*2 EL Tomatenmark*

*1 Dose stückige Tomaten (à 400 g)*

*½ TL getrockneter Oregano*

*frisch gemahlener schwarzer Pfeffer*

### FÜR DAS PISTAZIENPESTO

*1 Bund glatte Petersilie (etwa 25 g) plus etwas mehr für die Garnitur*

*50 g geschälte Pistazien*

*1 unbehandelte Zitrone*

### AUSSERDEM

*2 Zucchini (etwa 500 g)*

*200 g Cashew-Mozzarella (etwa die halbe Menge vom Rezept Seite 26, oder Fertigprodukt)*

*Chiliöl für die Garnitur (optional)*

Für den Teig das Mehl in eine Rührschüssel geben und eine Mulde hineindrücken. Die Hefe hineinkrümeln, mit dem Zucker bestreuen und mit 50 ml lauwarmem Wasser übergießen. Mit etwas Mehl vom Rand vorsichtig vermischen, bis sich die Hefe aufgelöst hat. Abgedeckt etwa 15 Minuten ruhen lassen. Anschließend weitere 75 ml lauwarmes Wasser sowie das Olivenöl und ½ TL Salz zugeben. Zunächst mit dem Löffel kurz vermischen und den Teig anschließend mit den Händen 5–10 Minuten kräftig kneten. Abgedeckt an einem warmen Ort mindestens 45 Minuten gehen lassen.

Inzwischen für die Tomatensauce die Schalotte und die Knoblauchzehe abziehen und fein hacken. Das Bratöl in einem Topf erhitzen. Die Schalotten- und Knoblauchwürfel darin 2 Minuten bei mittlerer Temperatur anschwitzen. Das Tomatenmark zugeben und kurz mit anrösten. Die Tomaten sowie den Oregano und den Zucker zugeben und alles im offenen Topf bei niedriger bis mittlerer Temperatur unter gelegentlichem Rühren etwa 20 Minuten dicklich einkochen. Mit Salz und Pfeffer abschmecken.

Für das Pistazienpesto die Petersilie grob hacken und in einen Mixbehälter geben. Die Knoblauchzehe abziehen, grob würfeln und mit den Pistazien sowie 50 ml Wasser zugeben. Alles mit dem Stabmixer fein pürieren. ¼ TL Schale der Zitrone fein abreiben und 1 EL Saft auspressen. Beides mit dem Olivenöl unterrühren und das Pesto mit Salz und Pfeffer abschmecken.

Den Backofen auf 250 °C vorheizen. Die Zucchini quer halbieren und längs in etwa ½ cm dicke Scheiben schneiden. Goldbraun grillen (oder mit 2 EL Bratolivenöl in der Grillpfanne etwa 3 Minuten braten). Den Pizzateig halbieren, erneut kurz durchkneten und auf leicht bemehlter Arbeitsfläche oval ausrollen (etwa 30 cm lang). Mit je der Hälfte der Tomatensauce bestreichen und einen etwa 1 cm breiten Rand frei lassen. Mit den Zucchinischeiben belegen, den Cashew-Mozzarella darüber zerzupfen und nacheinander auf einem mit Backpapier belegten Blech etwa 12 Minuten goldbraun backen. Mit Pestoklecksen und Petersilienblättchen garniert und mit Chiliöl beträufelt servieren.

# PAPPARDELLE MIT WEISSWEIN-MARONEN-SAUCE, KÜRBIS UND PANGRATTATO

Ein ganz ähnliches Gericht hatte ich im »Botanique«, einem Restaurant für veganes Fine-Dining in Brighton. Das Konzept: Man bestellt mehrere kleine, feine Gerichte und lässt sich von der Aromenvielfalt der kreativen Gemüseküche begeistern. Diese Pasta ist perfekt für die Herbst- und Winterzeit!

FÜR 2 PORTIONEN
Zubereitungszeit: etwa 30 Minuten

### FÜR DAS KRÄUTERÖL

- *½ Bund Dill*
- *½ Bund glatte Petersilie*
- *60 ml Olivenöl*
- *Salz*

### FÜR DIE PASTA

- *½ Butternut-Kürbis (etwa 500 g)*
- *2 EL Bratolivenöl*
- *¼ TL Chiliflocken*
- *200 g Pappardelle (Bandnudeln)*
- *100 g Maronen (vorgegart und vakuumiert)*
- *½ rote Zwiebel*
- *1 Zehe Knoblauch*
- *1 TL Ahornsirup*
- *100 ml trockener Weißwein*
- *100 g Sojacreme (oder andere pflanzliche Sahne)*
- *1 TL mittelscharfer Senf*
- *frisch gemahlener schwarzer Pfeffer*

### AUSSERDEM

- *1 Portion Pangrattato (Seite 32)*

Für das Kräuteröl den Dill und die Petersilie grob hacken und mit dem Öl in einen Mixbehälter geben. Alles mit dem Stabmixer fein pürieren und leicht salzen. Die Mischung durch ein feines Sieb passieren. Das Öl bis zur Verwendung in einem kleinen Schraubglas zur Seite stellen.

Für die Pasta den Backofen auf 200 °C vorheizen. Den Kürbis schälen und die Kerne samt dem Kerngewebe entfernen. In etwa 1 mal 3 cm große Spalten schneiden. Auf einem mit Backpapier ausgelegten Blech verteilen und mit 1 EL Bratöl, Salz und den Chiliflocken vermischen. Etwa 20 Minuten im Ofen rösten. Die Nudeln nach Packungsanleitung in reichlich kochendem Salzwasser al dente kochen.

Für die Sauce die Maronen grob hacken. Die Zwiebel und den Knoblauch abziehen und fein würfeln. Den restlichen 1 EL Öl in einer großen Pfanne erhitzen. Die Zwiebel mit dem Knoblauch und den Maronen darin 5 Minuten auf mittlerer Stufe braten. Mit dem Sirup leicht karamellisieren lassen und mit dem Wein ablöschen. Bei niedriger Temperatur auf etwa die Hälfte einkochen lassen. Die Sojacreme mit dem Senf zugeben und die Sauce mit Salz und Pfeffer abschmecken. Die Nudeln tropfnass mit der Sauce vermischen und die Kürbisstücke kurz unterheben. Auf zwei Teller portionieren und mit dem Kräuteröl beträufeln. Mit Pangrattato garniert servieren.

# TARKA DAL MIT CHAPATI

Ob als Teil eines bunten Thalis (Seite 154) oder einfach so zum Lunch oder Dinner: Tarka Dal (manchmal auch Tadka Dal genannt) gilt nicht selten als das Lieblingsgericht vieler Gäste in indischen Restaurants (und das vermutlich nicht nur in Brighton). Die Krönung auf dem einfachen Linsenbrei ist das aromatisierte Öl, mit dem das Gericht großzügig beträufelt wird. Lecker dazu sind einfache Pfannenbrote aus Vollkornmehl.

FÜR 2 PORTIONEN

Zubereitungszeit: etwa 45 Minuten

### FÜR DAS DAL

- *1 Zwiebel*
- *1 Zehe Knoblauch plus 1 Zehe für das Tarka*
- *1 walnussgroßes Stück Ingwer plus 1 haselnussgroßes Stück für das Tarka*
- *2 EL Sonnenblumenöl plus 3 EL für das Chapati plus 4 EL für das Tarka*
- *1 Tomate*
- *½ TL Garam Masala*
- *1 TL gemahlene Kurkuma*
- *½ TL gemahlener Zimt*
- *½ TL Chiliflocken plus ½ TL für das Tarka*
- *150 g gelbe Linsen*
- *Salz*
- *2 EL Limettensaft*

### FÜR DAS CHAPATI

- *100 g Weizenvollkornmehl*

### FÜR DAS TARKA

- *2 kleine getrocknete Chilischoten*
- *je ½ TL Kreuzkümmel-, Koriander-, Fenchel- und Senfsamen*
- *1 TL getrocknete Curryblätter (optional)*

### AUSSERDEM

- *Limettenspalten (optional)*
- *frische Korianderblätter für die Garnitur (optional)*

Für das Dal die Zwiebel und den Knoblauch abziehen und fein würfeln. Den Ingwer schälen und ebenfalls fein würfeln. Das Öl in einem mittelgroßen Topf erhitzen und die Zwiebeln mit dem Knoblauch und dem Ingwer darin etwa 3 Minuten anschwitzen. Die Tomate etwa 1 cm groß würfeln und etwa 2 Minuten mitbraten. Das Garam Masala, die Kurkuma, den Zimt und die Chiliflocken unterrühren und mit den Linsen 1 Minute mitbraten. Alles mit 600 ml Wasser auffüllen und im geschlossenen Topf auf mittlerer Stufe etwa 25 Minuten garen, bis die Linsen komplett zerfallen. Anschließend ggf. kurz im offenen Topf weitergaren, bis die Flüssigkeit fast vollständig verdampft ist. Das Dal mit Salz und dem Limettensaft abschmecken.

Inzwischen für die Chapati das Mehl in einer Rührschüssel mit ½ TL Salz, dem Öl und 60 ml Wasser vermischen und mit den Händen zu einem glatten, festen Teig verkneten. In vier Stücke teilen und diese jeweils möglichst flach und rund ausrollen. In einer mittelgroßen bis großen Pfanne ohne Fett bei hoher Temperatur etwa 1–2 Minuten von beiden Seiten anbraten.

Für das Tarka den Knoblauch abziehen und fein hacken. Den Ingwer schälen und fein würfeln. Das Öl in einer kleinen Pfanne erhitzen und den Ingwer, den Knoblauch sowie alle Gewürze zugeben und etwa 1–2 Minuten unter Rühren bei mittlerer Temperatur anrösten, bis es würzig duftet und das Öl eine goldgelbrötliche Farbe annimmt. Das Dal auf zwei Schalen portionieren und mit dem Gewürzöl beträufeln. Die Chapati-Brote und auf Wunsch Limettenspalten dazu reichen und nach Belieben mit Koriander garniert servieren.

# PALAK-TOFU MIT JEERA-REIS

Die indische Küche ist in England extrem beliebt – da macht Brighton keine Ausnahme und wartet mit zahleichen indischen Restaurants auf – viele davon rein vegetarisch mit einer Vielzahl an pflanzenbasierten Köstlichkeiten. Paneer-Käse kann man in Englands Supermärkten übrigens genauso einfach finden wie bei uns Feta. Mit Tofu harmoniert der indische Spinat-Curry-Klassiker jedoch mindestens ebenso gut.

FÜR 2 PORTIONEN

Zubereitungszeit: etwa 30 Minuten plus 30 Minuten Wartezeit

### FÜR DEN REIS

*125 g Basmati-Reis*

*1 EL Kokosöl plus 1 EL für den Tofu*

*1 TL Kreuzkümmelsamen plus 1 TL für den Tofu*

*½ Zimtstange*

*3 Gewürznelken*

*1 Lorbeerblatt*

*½ gelbe Chilischote*

*Salz*

### FÜR DEN PALAK-TOFU

*300 g Blattspinat*

*1 Zwiebel*

*2 Zehen Knoblauch*

*1 walnussgroßes Stück Ingwer*

*1 TL Koriandersamen*

*1 grüne Chilischote*

*1 Tomate*

*200 ml Kokosmilch plus etwas mehr für die Garnitur*

*½ TL gemahlene Kreuzkümmelsamen*

*½ TL gemahlene Kurkuma*

*½ TL Garam Masala*

*200 g Naturtofu*

*1 EL Zitronensaft*

### AUSSERDEM

*Chiliflocken und Koriander für die Garnitur*

Den Reis mindestens 30 Minuten in einer Schüssel mit Wasser einweichen lassen. Das Kokosöl in einem kleinen Topf zerlassen. Den Kreuzkümmel darin mit dem Zimt, den Gewürznelken und dem Lorbeerblatt etwa 1 Minute rösten. Die Chilischote in feine Ringe schneiden und zugeben. Den Reis in einem Sieb abbrausen, zugeben und unter Rühren etwa 1–2 Minuten mitbraten. 300 ml Wasser zugeben, salzen und alles im geschlossenen Topf bei mittlerer Temperatur etwa 12 Minuten garen. Anschließend auf ausgeschalteter Herdfläche weitere 10 Minuten durchziehen lassen.

Inzwischen für den Palak-Tofu den Spinat waschen und in reichlich kochendem Salzwasser etwa 2–3 Minuten blanchieren. In einem Sieb eiskalt abbrausen und leicht ausdrücken. Die Zwiebel und den Knoblauch abziehen und fein würfeln. Den Ingwer schälen und ebenfalls fein würfeln. Das Kokosöl in einem mittelgroßen Topf zerlassen. Die Kreuzkümmel- und Koriandersamen darin 1 Minute anrösten. Die Zwiebeln, den Knoblauch und den Ingwer zugeben und weitere 3 Minuten auf mittlerer Stufe rösten. Die Chilischote und die Tomate würfeln, zugeben und 5 Minuten im geschlossenen Topf dünsten. Die Kokosmilch sowie die gemahlenen Gewürze zugeben, salzen und 2 Minuten offen köcheln.

Den Spinat zugeben und alles mit dem Stabmixer unter Zugabe von etwa 150 ml Wasser fein pürieren. Den Tofu leicht trockentupfen, in etwa 1 ½ cm große Würfel schneiden und unterrühren. Das Curry 2 Minuten erhitzen, mit Salz und dem Zitronensaft abschmecken und auf zwei Schalen verteilen. Mit Kokosmilch beträufeln und mit Chiliflocken garnieren. Den Reis kurz auflockern, mit Korianderblättchen garnieren und zum Palak-Tofu servieren.

# THALI MIT TOFU TIKKA MASALA UND ALOO GOBI

Als Thali bezeichnet man in Indien eine bunte Auswahl an Curries, Saucen, Pasten und zum Teil weiteren Snacks, die mit Reis und manchmal auch mit Pfannenbroten oder Papadams serviert werden. So hat man als Gast gleich die Möglichkeit, mehrere Spezialitäten des Hauses zu kosten – ein besonders köstliches Thali findet ihr in Brighton im »The Chilli Pickle«. Übrigens ist Tikka Masala oft das Aushängegericht indischer Restaurants in England und gilt als britisch-indisches Fusion-Food.

FÜR 2 PORTIONEN

Zubereitungszeit: etwa 1 Stunde 15 Minuten

### FÜR DAS RAITA

- ¼ Salatgurke
- Salz
- 125 g Sojajoghurt plus 3 EL für den Tofu
- 2 Stängel Minze
- ½ TL gemahlene Kreuzkümmelsamen plus ½ TL für das Tikka Masala
- 1 Prise Chiliflocken plus ½ TL für das Tikka Masala und je 2 Prisen für den Tofu und das Aloo Gobi
- 1–2 TL Limettensaft plus 1–2 TL für das Aloo Gobi

### FÜR DEN TOFU

- 200 g Naturtofu
- 1 Zehe Knoblauch plus 1 Zehe für das Tikka Masala
- 1 haselnussgroßes Stück Ingwer plus je 1 weiteres Stück für das Tikka Masala und das Aloo Gobi
- 1 Prise gemahlene Kurkuma plus ½ TL für das Aloo Gobi
- ¼ TL Garam Masala plus ½ TL für das Tikka Masala plus ¼ TL für das Aloo Gobi

### FÜR DAS TIKKA MASALA

- 1 Zwiebel plus 1 mehr für das Aloo Gobi
- 1 EL Sonnenblumenöl plus 1 EL für das Aloo Gobi plus 4 EL für die Papadams
- 1 EL Tomatenmark
- 200 g stückige Tomaten
- 200 ml Kokosmilch
- ½ TL gemahlener Zimt
- 1 Prise Rohrohrzucker

### FÜR DAS ALOO GOBI

- 250 g festkochende Kartoffeln
- 250 g Blumenkohl
- ½ TL Kreuzkümmelsamen
- 1 Tomate

### AUSSERDEM

- 4 Papadams
- ½ Portion Dal (Seite 148)
- 1 Portion Jeera-Reis (Seite 151)
- 1 Portion Koriander-Chutney (Seite 172)
- 4 EL Mango-Chutney (Seite 41, oder Fertigprodukt)
- frische Korianderblätter für die Garnitur (optional)

Für das Raita die Gurke waschen, längs halbieren, entkernen und grob reiben. In einer Schüssel mit Salz etwa 15 Minuten Wasser ziehen lassen. Anschließend in einem Sieb ausdrücken und mit dem Joghurt in einer Schale vermischen. Die Minzeblättchen fein hacken und mit dem Kreuzkümmel und den Chiliflocken unterrühren. Das Raita mit Salz und dem Limettensaft abschmecken und bis zur Verwendung abgedeckt kühl stellen.

Den Tofu abtropfen lassen und etwa 1 cm groß würfeln. Den Knoblauch abziehen und durchpressen, den Ingwer schälen und fein reiben. Beides mit dem Sojajoghurt, den Chiliflocken, der Kurkuma, dem Garam Masala und Salz vermischen. Die Tofuwürfel unterrühren und mindestens 30 Minuten (jedoch am besten über Nacht) marinieren lassen. Den Backofen auf 180 °C vorheizen und den Tofumix in einer mit Backpapier ausgelegten Auflaufform etwa 30 Minuten backen.

Für die Currybasis des Tikka Masala die Zwiebel und den Knoblauch abziehen und fein würfeln. Den Ingwer schälen und fein würfeln. Das Öl in einem mittelgroßen Topf erhitzen und die Zwiebel mit dem Knoblauch und dem Ingwer darin etwa 3 Minuten anschwitzen. Das Tomatenmark unterrühren und 1 Minute miträsten, die stückigen Tomaten und die Kokosmilch zugeben, mit dem Kreuzkümmel, dem Zimt, den Chiliflocken, dem Garam Masala, Salz und dem Zucker würzen und etwa 15 Minuten im offenen Topf bei mittlerer Temperatur unter gelegentlichem Rühren garen. Die gebackenen Tofuwürfel zugeben und weitere 5 Minuten garen.

Für das Aloo Gobi die Kartoffeln schälen, etwa 1–2 cm groß würfeln und in wenig Salzwasser etwa 15 Minuten bissfest garen. Den Blumenkohl in Röschen zerteilen und im Topf mit kochendem Salzwasser etwa 5 Minuten blanchieren. Das Öl in einem mittelgroßen Topf erhitzen und die Kreuzkümmelsamen darin 1 Minute anrösten. Die Zwiebel abziehen und fein würfeln, den Ingwer schälen und ebenfalls fein würfeln. Beides zugeben und 3 Minuten anschwitzen. Die Tomate etwa 1 cm groß würfeln und mit dem Garam Masala und der Kurkuma zugeben. Etwa 3 Minuten unter Rühren garen, mit 50 ml Wasser ablöschen und die Kartoffeln mit dem Blumenkohl untermischen. Etwa 5 Minuten weitergaren, mit Salz, den Chiliflocken und dem Limettensaft abschmecken

Die Papadams nach Packungsanleitung für wenige Sekunden im heißen Öl knusprig aufbacken. Das Dal, den Reis, das Koriander-Chutney, das Mango-Chutney, das Raita, das Tofu Tikka Masala und das Aloo Gobi in separaten Schälchen auf einer großen Platte oder einem großen Teller anrichten und mit den Papadams und auf Wunsch dem Koriander garniert servieren.

**Tipp:** Sowohl das Raita als auch das würzige Koriander-Chutney lassen sich prima bereits am Tag zuvor vorbereiten. Und auch das Dal sowie das Tikka Masala könnt ihr vorkochen und braucht es dann nur noch kurz aufzuwärmen.

# MISO-ERDNUSS-AUBERGINEN MIT MANGO-DILL-SALAT

Eines der momentan angesagtesten veganen Restaurants in Brighton ist das »Bonsai Plant Kitchen«. Amy, Dom und ihr Team servieren hier südostasiatisch inspirierte Küche mit einem stetig wechselnden Menü. Besonders begeistert hat mich dort eine Kombi aus paniertem Fisch-Ersatz auf Mango-Dill-Salat. Passt ebenso lecker mit Miso-Auberginen und Reis!

FÜR 2 PORTIONEN

Zubereitungszeit: etwa 40 Minuten plus 20 Minuten Wartezeit

### FÜR DIE AUBERGINEN

*2 EL helle Misopaste*

*1 EL cremiges Erdnussmus*

*1 EL Sojasauce plus 1 EL für den Salat*

*1 EL Ahornsirup plus 1 TL für den Salat*

*1 EL Reisessig plus 2 EL für den Sushireis*

*1 TL geröstetes Sesamöl plus 1 EL für den Salat*

*1 Prise Chiliflocken plus 1 Prise für den Salat*

*2 Auberginen*

### FÜR DEN REIS

*125 g Sushireis*

*½ TL Rohrohrzucker*

*Salz*

### FÜR DEN SALAT

*¼ Salatgurke (etwa 100 g)*

*½ Mango*

*½ Bund Dill*

*2 Frühlingszwiebeln plus einige Ringe für die Garnitur*

*1 EL Limettensaft*

### AUSSERDEM

*1 Portion Furikake (Seite 31, oder Fertigprodukt)*

*Chiliringe und Sesam für die Garnitur*

*Limettenspalten (optional)*

Den Backofen auf 200 °C vorheizen. Für die Auberginen die Misopaste mit dem Erdnussmus in eine Schale geben und mit der Sojasauce, dem Ahornsirup, dem Reisessig, dem Sesamöl und den Chiliflocken vermischen. Etwa 2–3 EL Wasser portionsweise unterrühren, bis eine cremige Konsistenz entsteht. Die Auberginen längs halbieren, kreuzweise mehrmals einschneiden und mit der Hälfte der Misomischung bestreichen. Etwa 20 Minuten backen, herausnehmen, mit der restlichen Misomischung bestreichen und weitere 15–20 Minuten backen bzw. bis die Auberginen weich sind.

Inzwischen den Reis nach Packungsanleitung zubereiten. Den Reisessig mit dem Zucker und 1 Prise Salz in einem Schälchen vermischen, bis sich der Zucker auflöst, und unter den Reis mischen.

Für den Salat die Gurke längs halbieren und quer in etwa ½ cm dicke Stücke schneiden. Die Mango schälen, das Fruchtfleisch vom Kern schneiden und in etwa 1–2 cm große Stücke schneiden. Die Gurken- und Mangostücke in einer Salatschüssel mischen. Die Dillspitzen fein hacken und die Frühlingszwiebeln in feine Ringe schneiden. Beides zugeben. Für das Dressing das Sesamöl mit der Sojasauce, dem Limettensaft und dem Ahornsirup in einem Schälchen vermischen und mit Salz und den Chiliflocken abschmecken. Unter den Salat mischen. Je zwei Auberginenhälften auf zwei Tellern portionieren und mit dem Salat und dem Reis anrichten. Den Reis mit Furikake garnieren und die Auberginen mit Frühlingszwiebel- und Chiliringen sowie mit Sesam servieren. Auf Wunsch Limettenspalten dazu reichen.

# GERÖSTETER SPITZKOHL AUF SELLERIE-PÜREE MIT WALNUSS-DRESSING

Für dieses Rezept habe ich mich von dem Gericht »Hispi cabbage with pickled walnut dressing« im modernen Restaurant »The Flint House« inspirieren lassen. Es sieht unscheinbar aus, bietet jedoch eine Geschmacksexplosion durch das besondere Dressing aus »schwarzen Nüssen« (unreif geernteten, eingelegten Walnusskernen).

FÜR 4 KLEINE PORTIONEN (ODER FÜR 2 ZUM SATTWERDEN)

Zubereitungszeit: etwa 35 Minuten

### FÜR DAS PÜREE

*300 g mehligkochende Kartoffeln*

*300 g Knollensellerie*

*Salz*

*100 g Sojacreme (oder andere pflanzliche Sahne)*

*2 EL Rapsöl plus 3 EL für das Dressing*

*1 Prise frisch geriebene Muskatnuss*

*frisch gemahlener schwarzer Pfeffer*

*1 unbehandelte Zitrone*

### FÜR DEN SPITZKOHL UND DAS DRESSING

*1 kleiner Spitzkohl (etwa 400 g)*

*3 EL Sonnenblumenöl*

*2 schwarze Walnüsse (unreif eingelegte Walnusskerne, im Internet erhältlich)*

*4 EL Nuss-Einlegeflüssigkeit (im Internet erhältlich)*

*1 TL mittelscharfer Senf*

### AUSSERDEM

*1 Handvoll Walnusskerne*

*1 EL dunkler Balsamico-Essig*

*1 TL Ahornsirup*

*frische Petersilienblättchen*

Für das Püree die Kartoffeln und den Sellerie schälen, in etwa 2–3 cm große Stücke schneiden und in einem Topf mit wenig Salzwasser etwa 20 Minuten weich kochen. Abgießen und mit der Sojacreme und dem Rapsöl zerstampfen. Mit Salz, dem Muskat und Pfeffer würzen. ½ TL Schale von der Zitrone abreiben und untermischen.

Inzwischen den Backofen auf 200 °C vorheizen. Den Spitzkohl längs vierteln, den Strunk herausschneiden. Das Sonnenblumenöl in einer großen Pfanne erhitzen. Die Spitzkohlviertel darin auf den Schnittflächen etwa 2–3 Minuten goldbraun anbraten. In eine Back- oder Auflaufform geben, salzen und im vorgeheizten Ofen weitere 10 Minuten rösten, bis der Kohl weich ist. Währenddessen für das Dressing die schwarzen Nüsse fein hacken. In einem Schälchen mit der Einlegeflüssigkeit, dem Rapsöl und dem Senf verrühren. Mit Salz und Pfeffer würzen.

Für die Garnitur die Walnusskerne grob hacken, in einer Pfanne ohne Fett anrösten und mit dem Essig und dem Ahornsirup unter Rühren leicht karamellisieren lassen. Das Püree auf vier Tellern portionieren, darauf je ein Spitzkohl-Viertel geben, mit dem Dressing beträufeln und mit den karamellisierten Nüssen sowie der Petersilie garniert servieren.

THE JOKER

# BITES & DRINKS

GARDEN CAFE

FRIED/TOAST/SNACKS
Sweetcorn Fritter, Black Pepper Aioli x2 5.5
Tempura Pickled Shiitake Mushrooms, Kewpie Mayo 6
Ham & Gruyere Croquette, Saffron Aioli x2 5.5
Smoked Anchovies on Toast, Green Sauce 7
Lardo, Toast, Truffle, Honey 6.5
MEATS
Crispy Ox Cheek, Chilli Miso Emulsion,
Rhubarb & Stem Ginger Custard Doughnut
Ice Cream or Sorbet
Butterscotch Mousse, Dark Chocolate Crémeux,
Caramelised Banana, Peanut
White Chocolate Fudge, Sea Salt, Pistachio
Fruit Pastilles
British Isles Cheese Selection
Blue Cheese Crumpet, Honey

OOWEE

# AUF EINEN DRINK IN BRIGHTON

Nicht umsonst ist Brighton auch als Vergnügungsmeile bekannt, viele zieht es in die Stadt zum Feiern – in die Clubs, zum Karaoke-Singen oder um eine Drag-Show zu besuchen – um nur wenige von vielen Möglichkeiten nächtlicher Unterhaltung zu nennen. Wer den Tag jedoch eher gemütlich mit einem Drink und kleinen Snacks ausklingen lassen möchte, findet ebenso viele urige Pubs und kleine Bars in der ganzen Stadt.

Im Pub »The Joker« zum Beispiel kann man wunderbar versacken auf großen Sofas oder in den kleinen Sitzecken. Inmitten des Raums befindet sich die Bar; man bestellt direkt an der Theke, ob Bier, Cider oder einen der spannenden Cocktails, wie »Butter Rum«, einen Drink mit Rum, Apfelsaft und Popcorn-Sirup, getoppt mit veganer Sahne und Popcorn. Es herrscht gesellige Stimmung, der Raum ist eher dunkel und spärlich beleuchtet und doch einladend. Und für den kleinen Snack-Hunger ist auch gesorgt mit leckeren veganen Burgern und Chicken-Wings (»Vegan Poppers«) von den »Lost Boys«. Gut passen dazu außerdem die »Curly Fries« mit Kimchi-Mayo oder Mango-Chili-Sauce.

Für einen Abend zu zweit oder in kleiner Runde ist die lauschige Bar »The Plotting Parlour« genau richtig. Unweit vom Brighton Beach und doch in einer kleinen Gasse etwas versteckt gelegen, findet man innen mehrere gemütliche Räume mit vielen kleinen Holztischen oder roten Polsterstühlen. Ein Mix aus klassischer Bareinrichtung mit etwas Shabby Chic sorgt für eine entspannte Atmosphäre. Als kleine »Bites« zum Drink könnt ihr geräucherte Mandeln oder Oliven bestellen. Der Fokus liegt jedoch definitiv auf den interessanten Cocktails, wie dem »Sage against the Machine«, einem Mojito-ähnlichen Drink mit Salbei, oder dem »St. Pierre«, einem Gin-Sour mit Birne und Kardamom.

Ebenfalls zentral gelegen ist die Bar »The Golden Pineapple«, die sich auf Drinks mit Tequila und Mezcal spezialisiert hat. Das Team tüftelt dabei immer wieder an neuen Rezeptideen, und nur die beliebtesten Drinks schaffen es schließlich auf die Hauptkarte, wie der rauchige Hibiskus-Margarita oder der »Plum-Tini« mit Mezcal, Pfirsichlikör und Pflaume. Schließlich empfehle ich euch noch eine kleine »Sustainable Cocktailbar«, nämlich das »Gungho!«. Hier setzen der Inhaber und Mixologist Julien und sein Team auf kreative und nachhaltige Zero-waste-Drinks. Zum Einsatz kommen dafür lokale und saisonale Zutaten – vieles wird selbst eingelegt und aus Obstresten, zum Beispiel Shrubs oder Liköre, hergestellt. Der sympathische Laden hat gleich drei Cocktailkarten: eine mit Klassikern im neuen Gewand, wie dem »Bramble« mit Brombeer-Mousse. Auf der zweiten Karte gibt es »Seasonal Drinks« mit spannenden Kreationen, wie dem »Plum/Samphire« mit Pflaumen-Brandy, Algenlikör und einem selbst gemachten Pflaumen-Shrub. Und die dritte Karte widmet sich alkoholfreien Drinks, die mal mit Kombucha, alkoholfreiem Bier, mal mit Kräutern und saisonalen Früchten spannend gemixt sind.

# RAINBOW MOCKTAILS

Drinks ohne Alkohol präsentiert man in Brighton gerne farbenfroh. Die Bars haben dabei nicht selten eine separate Karte für Mocktails, die ganz klassisch oder spannend-kreativ gemixt sind. Für die besonderen Geschmacksnoten kommen alkoholfreier Gin, Kombucha oder zum Beispiel auch Tees zum Einsatz.

## MATCHA & COCONUT RASPBERRY MOCKTAIL

FÜR 2 PORTIONEN BZW. 2 GLÄSER À ETWA 250 ML

Zubereitungszeit: etwa 7 Minuten

- *100 g Himbeeren*
- *2 EL Agavendicksaft*
- *1 TL Rosenblütenwasser (optional)*
- *2 TL Limettensaft*
- *200 ml Kokosmilch*
- *2–4 Eiswürfel*
- *1 gestrichener TL Matchapulver*

Die Himbeeren mit dem Sirup, dem Rosenwasser, dem Limettensaft und der Kokosmilch in einem Mixbehälter fein pürieren. Auf zwei Gläser verteilen. Je 1–2 Eiswürfel hineingeben. Das Matchapulver durch ein Sieb in eine Schale streichen. Mit 150 ml kaltem Wasser aufgießen und mit einem Chasen (Bambusbesen) oder einem kleinen Schneebesen verrühren, bis sich das Pulver komplett aufgelöst hat. Gleichmäßig auf beide Gläser über der Himbeerschicht verteilen und sofort servieren.

## YUZU-MANGO-KOMBUCHA & BUTTERFLY-PEA-TEA

FÜR 2 PORTIONEN BZW. 2 GLÄSER À ETWA 250 ML

Zubereitungszeit: etwa 10 Minuten plus 20 Minuten Wartezeit

- *2 TL Butterfly-Pea-Tea (bzw. Anchan-Tee)*
- *3 TL Yuzu-Saft (oder Zitronensaft)*
- *½ Mango*
- *1 EL Mangosirup*
- *200 ml Kombucha (z. B. Ingwergeschmack)*
- *2–4 Eiswürfel*

Den Tee in ein Sieb füllen und in einer Schale oder Tasse mit 200 ml kochendem Wasser übergießen, etwa 10 Minuten ziehen lassen, das Sieb entfernen und den Tee komplett abkühlen lassen. Anschließend 1 TL Yuzu-Saft untermischen.

Die Mango schälen, das Fruchtfleisch vom Kern schneiden, grob würfeln, in einen Mixbehälter geben und fein pürieren. Das Püree mit den übrigen 2 TL Yuzu-Saft, dem Mangosirup und dem Kombucha vermischen und durch ein kleines Sieb auf zwei Gläser verteilen. Je 1–2 Eiswürfel hineingeben. Die Teemischung darübergeben und die Drinks sofort servieren.

# GIN-SOURS MIT AQUAFABA

Gin-Sours zählten in den quirligen Cocktailbars Brightons zu meinen Favoriten, sie schmeckten mal floral oder rauchig, mal nach intensiven Kräutern oder warmen Gewürzen. Das Tolle: Statt Eiweiß kommt einfach Aquafaba mit in den Cocktailshaker und sorgt für den schönen Schaum!

## KARDAMOM-PEAR-GIN-SOUR

FÜR 2 PORTIONEN
Zubereitungszeit: etwa 5 Minuten

*80 ml Birnensaft*
*3 EL frisch gepresster Zitronensaft*
*1 EL Zuckersirup (oder Ahornsirup)*
*2 Prisen gemahlene grüne Kardamomkapsel*
*1 Prise frisch gemahlener schwarzer Pfeffer*
*100 ml Gin (z. B. Brighton-Gin oder alkoholfreier Gin)*
*40 ml Aquafaba (Kichererbsen-Einlegewasser)*
*2 Eiswürfel*

Alle Zutaten für den Gin-Sour in einen Cocktailshaker füllen und kräftig schütteln, bis die Eiswürfel komplett zerbrochen sind. Auf zwei Gläser verteilen und sofort servieren.

**Tipp:** Eine rauchigere Note erhält der Drink, wenn ihr den grünen Kardamom durch schwarzen ersetzt. Dafür eine Kapsel mit der Messerrückseite aufbrechen und 1 Messerspitze Körner zu den anderen Zutaten geben.

## RHUBARB-TONKA-GIN-SOUR

FÜR 2 PORTIONEN
Zubereitungszeit: etwa 5 Minuten

*80 ml Rhabarbersaft*
*3 EL frisch gepresster Zitronensaft*
*2 EL Zuckersirup (oder Rosenblütensirup)*
*2 Prisen gemahlene Tonkabohne (oder Vanille)*
*100 ml Gin (z. B. Brighton-Gin oder alkoholfreier Gin)*
*40 ml Aquafaba (Kichererbsen-Einlegewasser)*
*2 Eiswürfel*

AUSSERDEM
*Angostura-Bitter*

Alle Zutaten für den Gin-Sour in einen Cocktailshaker füllen und kräftig schütteln, bis die Eiswürfel komplett zerbrochen sind. Auf zwei Gläser verteilen und mit einigen Tropfen Angostura-Bitter beträufelt servieren.

# PICKLED COCKTAILS

Ein klassischer Pickle-Back ist ein Scotch, der als Shot abwechselnd mit Essiggurken-Einlegewasser getrunken wird. Inspiriert von den Pickle-Backs bei »The Golden Pineapple«, einer Bar, die vor allem auf Drinks mit Tequila und Mezcal spezialisiert ist, sind diese beiden Drinks mit ihrem besonderen »Pickled«-Aroma. Probiert auch mal die Einlegeflüssigkeit von eingelegtem Rotkohl (Seite 80) zu einem der Drinks.

## PICKLE-BACK-COCKTAIL

FÜR 2 PORTIONEN

Zubereitungszeit: etwa 5 Minuten

- *60 ml Dill-Gewürzgurken-Einlegewasser*
- *1 EL Zuckersirup*
- *2 EL Zitronensaft*
- *100 ml Scotch (oder Whiskey nach Wahl)*
- *2 Eiswürfel (plus mehr zum Servieren, optional)*

Alle Zutaten in einen Cocktailshaker geben und kräftig durchschütteln, bis die Eiswürfel komplett zerbrochen sind. Auf zwei Gläser portionieren und auf Wunsch mit zusätzlichen Eiswürfeln servieren.

## PICKLED BRAMBLE MEZCALINI

FÜR 2 PORTIONEN

Zubereitungszeit: etwa 5 Minuten plus 4 Stunden Wartezeit

- *50 g frische Brombeeren plus ein paar mehr für die Garnitur (optional)*
- *2 EL Rohrohrzucker*
- *40 ml Himbeer- oder Weißweinessig*
- *1 Prise Bourbon-Vanillepulver*
- *1 Zweig Thymian*
- *100 ml Mezcal (oder rauchiger Tequila)*
- *2 Eiswürfel*

Die Brombeeren verlesen und ggf. vorsichtig waschen. Den Zucker mit dem Essig, der Vanille und dem Thymian in einem Schälchen oder verschließbarem Glas verrühren. Die Brombeeren zugeben, vermischen und 4 Stunden bei Zimmertemperatur ziehen lassen (alternativ über Nacht kühl stellen). Die Flüssigkeit anschließend durch ein Sieb geben und 60 ml abmessen.

Die Brombeer-Einlegeflüssigkeit im Cocktailshaker mit dem Mezcal und den Eiswürfeln gut durchschütteln. Auf zwei Gläser portionieren und auf Wunsch mit einem Brombeerspieß servieren.

# TEMPEH-LARB-SALATSCHIFFCHEN

Im »Lucky Khao« steht in Neonschrift über der Bar »Larb is what you want«. Mit »Larb« ist ein würziger Salat gemeint (traditionell meist aus Fleisch), der in Laos und in einigen Regionen Thailands beliebt ist. In dem Lokal serviert man asiatische Fusionsküche mit Fokus auf Köstlichkeiten aus Nordthailand. Auch mit Tofu, Tempeh oder Pilzen schmeckt »Larb« fantastisch und eignet sich, in Salatblättern serviert, als aromatisches Fingerfood zum Lieblingsdrink.

FÜR 2 PORTIONEN

Zubereitungszeit: etwa 40 Minuten

- *2 EL Klebreis (oder Sushireis)*
- *1 walnussgroßes Stück Ingwer*
- *1 rote Chilischote*
- *5 Kaffirlimettenblätter (oder Schalenabrieb von 1 unbehandelten Limette)*
- *200 g Tempeh*
- *3 EL Sonnenblumenöl*
- *3 EL Sojasauce*
- *2 EL Limettensaft*
- *1 TL Kokosblütenzucker (oder Rohrzucker)*
- *1 EL geröstetes Sesamöl*
- *1 Bund Koriander*
- *1 Stängel Minze*
- *1 Schalotte*
- *2 Frühlingszwiebeln*

AUSSERDEM

- *1 Salatherz*
- *Kräuter für die Garnitur*
- *Limettenspalten*

Den Klebreis in einer Pfanne ohne Fett hellbraun anrösten. Den Ingwer schälen und fein reiben. Die Chilischote längs aufschneiden, auf Wunsch den Samenstrang entfernen, und fein hacken. Die Kaffirlimettenblätter fein hacken, dabei die Blattrippe entfernen. Den Ingwer, die Chili und die Kaffirlimettenblätter zum Klebreis geben und etwa 2 Minuten mitrösten. Alles im Mörser so fein wie möglich zerstoßen.

Den Tempeh grob hacken. Das Öl in einer mittelgroßen Pfanne erhitzen und den Tempeh darin rundherum etwa 7 Minuten goldbraun anbraten. Den Klebreismix zugeben und alles mit der Sojasauce ablöschen. Den Limettensaft und den Zucker unterrühren. Die Tempehmischung vom Herd nehmen und das Sesamöl zugeben.

Den Koriander und die Minze grob hacken. Die Schalotte abziehen und fein würfeln. Die Frühlingszwiebeln putzen und in feine Ringe schneiden. Die Tempehmasse mit den Kräutern, der Schalotte und den Frühlingszwiebeln in einer Salatschüssel vermischen und abschmecken. Die Blätter des Salatherzes abtrennen und mit dem Larb befüllen. Mit Kräutern garnieren und Limettenspalten zum Beträufeln dazu reichen.

# SAMOSAS MIT KORIANDER-CHUTNEY

In indischen Restaurants eine beliebte Vorspeise, in Südasien selbst ein würziger Snack tagsüber zum Masala Chai, sind die Teigtaschen auch tolle »Bites« – egal, ob zum Mango-Lassi, zum Bier im Pub oder zu einem asiatisch angehauchten Drink.

FÜR 16 STÜCK

Zubereitungszeit: etwa 1 Stunde 10 Minuten

### FÜR DAS CHUTNEY

*1 Bund Koriander (etwa 30 g)*

*2 Stängel Minze*

*1 grüne Chilischote plus 1 mehr für die Füllung*

*1 haselnussgroßes Stück Ingwer plus 1 walnussgroßes Stück für die Füllung*

*1 EL Limettensaft plus 1–2 EL für die Füllung*

*Salz*

*¼ TL Garam Masala*

*¼ TL gemahlene Kreuzkümmelsamen*

### FÜR DIE FÜLLUNG

*1 Zwiebel*

*2 Zehen Knoblauch*

*2 EL Sonnenblumenöl plus 3 EL für den Teig*

*4 festkochende Kartoffeln (etwa 400 g)*

*2 TL Currypulver*

*150 g TK-Erbsen*

### FÜR DEN TEIG

*250 g Weizenmehl Type 550 plus etwas mehr zum Bearbeiten*

### AUSSERDEM

*750 ml Pflanzenöl zum Frittieren*

*Tamarinden-Chutney (erhältlich im Asialaden; optional)*

Für das Chutney die Koriander- und die Minzeblättchen in einen Mixbehälter geben. Die Chilischote längs halbieren, auf Wunsch den Samenstrang entfernen, grob hacken und zugeben. Den Ingwer schälen und dazureiben. Alles mit 1–2 EL Wasser und dem Limettensaft fein mit dem Stabmixer pürieren. Mit Salz, dem Garam Masala und dem Kreuzkümmel würzen und abgedeckt bis zur Verwendung kühl stellen.

Für die Füllung die Zwiebel und den Knoblauch abziehen und fein würfeln. Den Ingwer schälen und fein würfeln, die zweite Chili längs aufschneiden, auf Wunsch den Samenstrang entfernen, und ebenfalls fein würfeln. Das Öl in einem mittelgroßen Topf erhitzen. Die Zwiebel mit dem Knoblauch, dem Ingwer und der Chili darin etwa 5 Minuten bei mittlerer Temperatur anbraten. Die Kartoffeln schälen, etwa ½ cm groß würfeln und mit dem Currypulver und 1 TL Salz unterrühren. 125 ml Wasser zugeben und im geschlossenen Topf etwa 15 Minuten garen. Die Erbsen zugeben und weitere 5 Minuten garen. Die Füllung komplett abkühlen lassen, mit Salz und dem Limettensaft abschmecken.

Für den Teig das Mehl mit 1 TL Salz in einer Rührschüssel vermischen. Das Öl und 125 ml Wasser zugeben und mindestens 5 Minuten kräftig zu einem glatten Teig verkneten. Abgedeckt etwa 30 Minuten ruhen lassen. Anschließend in etwa acht gleich große Stücke teilen. Jedes Stück auf leicht bemehlter Arbeitsfläche rund ausrollen (etwa 17 cm ø) und mit dem Messer einmal in der Mitte durchschneiden. Die Teigränder leicht mit Wasser befeuchten und aus jedem Halbkreis einen Kegel formen. Gleichmäßig mit je 1–2 EL der Kartoffel-Erbsen-Masse befüllen und verschließen.

Das Frittieröl in einer großen Pfanne mit hohem Rand oder in einem weiten Topf auf 180 °C erhitzen. Die Samosas darin portionsweise etwa 5 Minuten goldbraun frittieren. Mit einer Schaumkelle herausholen, auf einem Teller mit Küchenpapier kurz abtropfen lassen und noch warm mit dem Koriander-Chutney servieren. Auf Wunsch zusätzlich das Tamarinden-Chutney (oder ein Mango-Chutney, Seite 42) dazu reichen.

# EINFACHE SNACKS

Als Begleiter zu den Getränken gibt es in Brightons Bars oft kleine Snacks, wie Oliven, Gewürznüsse und Co. Hier einige Ideen, welche Kleinigkeiten ihr ohne viel Aufwand ebenfalls zu Hause zum Drink servieren könnt.

## CHILI-LIMETTEN-POPCORN

FÜR 2 PORTIONEN

Zubereitungszeit: etwa 7 Minuten

*50 g Popcorn-Mais*

*2 EL Sonnenblumenöl*

*1 TL Hefeflocken*

*½ TL Chiliflocken*

*1 unbehandelte Limette*

*2 Prisen Meersalz*

Den Popcorn-Mais nach Packungsanleitung in einem geschlossenen Topf mit dem Öl zubereiten. Die Hefeflocken mit den Chiliflocken in einer Schale vermischen. ½ TL Schale von der Limette fein abreiben und mit dem Salz zugeben. Das noch heiße Popcorn mit der Gewürzmischung im Topf durchschwenken und servieren.

## GERÖSTETE CURRY-CASHEWKERNE

FÜR 2 PORTIONEN

Zubereitungszeit: etwa 5 Minuten plus 15 Minuten Backzeit

*1 TL rote Currypaste*

*1 TL Sojasauce*

*1 TL Kokosblütenzucker*

*1 EL Sonnenblumenöl*

*100 g Cashewkerne*

*½ TL Currypulver*

Den Backofen auf 160 °C vorheizen. Die Currypaste in einer Schale mit der Sojasauce, dem Zucker und dem Öl glattrühren. Die Cashewkerne so lange unterrühren, bis sie komplett von dem Gewürzmix überzogen sind. Auf einem mit Backpapier belegten Blech verteilen und 10 Minuten rösten. Herausnehmen, einmal durchschütteln und weitere 5 Minuten goldbraun rösten. Abkühlen lassen, mit dem Currypulver schwenken und servieren.

## REISPAPIER-CRISPS

FÜR 2 PORTIONEN

Zubereitungszeit: etwa 7 Minuten

- *4 Reispapierblätter*
- *etwa 100 ml Pflanzenöl zum Frittieren*
- *2 Prisen Meersalzflocken*
- *½ TL Shichimi-Togarashi (japanische Gewürzmischung, oder Chiliflocken und schwarzer Sesam)*

Die Reispapierblätter mit einer Küchenschere vierteln. Das Öl in einer kleinen Pfanne erhitzen (etwa 1 cm hoch). Nun die Reispapierstücke nacheinander für wenige Sekunden ins heiße Öl gleiten lassen, sofort herausnehmen und auf Küchenpapier abtropfen lassen. Das Salz mit dem Togarashi in einer Schale mischen und die Reispapier-Crisps damit bestreut servieren.

**Tipp:** Wer mag, serviert dazu zusätzlich einen Dip, zum Beispiel Guacamole oder ein Koriander- oder Mango-Chutney (Seite 172 und 42).

## GEFÜLLTE DATTELN

FÜR 2 PORTIONEN

Zubereitungszeit: etwa 10 Minuten

- *¼ Portion veganer Frischkäse (Seite 25)*
- *½ TL Berbere (nordafrikanische Gewürzmischung)*
- *1 Zweig Thymian*
- *8 Medjool-Datteln*

Den Frischkäse in einer Schale mit dem Berbere-Gewürz vermischen. Die Thymianblättchen abstreifen, fein hacken und unterrühren. Die Datteln längs halbieren, jedoch nicht durchschneiden, den Kern entfernen und jede Dattel mit etwa 1 TL Frischkäsecreme befüllen. Auf Wunsch mit etwas Berbere-Gewürz und Thymianblättchen garniert servieren.

## ZAATAR-CRACKER

**FÜR 2 PORTIONEN**
Zubereitungszeit: etwa 15 Minuten plus 20 Minuten Backzeit

- *150 g Weizenmehl Type 550 plus etwas mehr zum Bearbeiten*
- *Salz*
- *50 ml Bratolivenöl plus 1 EL für die Würzmischung*
- *1 EL Zaatar (nordafrikanische Gewürzmischung)*
- *½ TL Sumach (orientalisches Gewürz)*
- *1 TL Ahornsirup*

Den Backofen auf 180 °C vorheizen. Das Mehl in einer Rührschüssel mit dem Salz mischen. Das Öl sowie 1–2 EL Wasser zugeben und zu einem glatten Teig verkneten. Auf leicht bemehlter Arbeitsfläche etwa 3–5 cm dick ausrollen und mit dem Teigroller oder einem Messer in kleine Rauten schneiden. Dabei den übrigen Teig erneut ausrollen und in Rauten schneiden, bis der Teig verbraucht ist (ergibt etwa 25 Stück). Auf einem mit Backpapier belegten Blech verteilen.

Die Zaatar-Gewürzmischung mit dem Sumach, dem Ahornsirup und dem Öl in einem Schälchen vermischen und die Rauten gleichmäßig damit bestreichen. Etwa 20 Minuten knusprig backen, abkühlen lassen und servieren.

## ZUCCHINIRÖLLCHEN MIT PAPRIKACREME

**FÜR 2 PORTIONEN**
Zubereitungszeit: etwa 25 Minuten plus 30 Minuten Backzeit

### FÜR DIE PAPRIKACREME

- *1 rote Paprika*
- *1 TL Bratolivenöl plus 2 EL für die Zucchini*
- *Salz*
- *50 g Walnusskerne*
- *50 g Mandelstifte*
- *1 Zehe Knoblauch*
- *1 EL Olivenöl*
- *1 TL Granatapfelsirup*
- *1 TL Zitronensaft*
- *frisch gemahlener schwarzer Pfeffer*

### AUSSERDEM

- *1 große Zucchini*
- *Minze- und Petersilienblättchen für die Garnitur (optional)*

Für die Creme den Backofen auf 200 °C vorheizen. Die Paprika halbieren, entkernen und die Hälften in etwa 3–4 cm große Stücke schneiden. Auf einem mit Backpapier belegten Blech mit dem Bratolivenöl und 1 Prise Salz mischen und 30 Minuten rösten. Anschließend mit den Walnüssen und den Mandeln in eine Rührschüssel geben. Die Knoblauchzehe abziehen, grob hacken, zugeben und alles fein pürieren. Das Olivenöl, den Sirup und den Zitronensaft unterrühren und die Creme mit Salz und Pfeffer abschmecken.

Die Zucchini längs in etwa 3–5 mm dicke Scheiben schneiden (etwa 8 Scheiben). Das Öl in einer großen Pfanne (z. B. Grillpfanne) erhitzen und die Zucchinischeiben darin unter Wenden portionsweise je etwa 7–10 Minuten goldbraun anbraten. Auf Küchenpapier abtropfen lassen. Je 1 gehäuften TL der Paprikacreme auf jeder Zucchinischeibe verstreichen und einrollen. Die übrige Creme zur Seite stellen (z. B. als Aufstrich fürs Frühstück oder Abendbrot). Die Röllchen auf Wunsch mit Minze und Petersilie garniert servieren.

# BBQ-CAULIFLOWER-WINGS

Ein populärer Snack in vielen der Pubs zu Bier, Cider oder Cocktail sind Chicken-Wings. Im »The Joker« werden auch köstliche vegane Wings serviert auf Basis von texturiertem Soja von »Lost Boys Land«. Doch auch die knusprigen Nuggets aus Blumenkohl entdeckt man hier und da auf den Speisekarten. Und das Beste: Sie sind daheim schnell gemacht und der ideale Snack für euren nächsten Filmabend.

FÜR 2 PORTIONEN

Zubereitungszeit: etwa 25 Minuten plus 20 Minuten Wartezeit

### FÜR DIE CAULIFLOWER-WINGS

*1 kleiner Blumenkohl (etwa 600 g ohne Grün)*

*125 ml Sojadrink (oder andere pflanzliche Milch) plus 2 EL für die Glasur*

*75 g Weizenmehl Type 550*

*1 EL Speisestärke*

*1 EL Hefeflocken*

*1 TL Salz*

*½ TL Chiliflocken plus 1 TL für die Glasur*

*1 TL geräuchertes Paprikapulver*

*1 TL edelsüßes Paprikapulver*

*100 g Panko (grobe Semmelbrösel)*

### FÜR DIE BBQ-GLASUR

*4 EL vegane Barbecuesauce*

*2 EL Sojasauce*

*2 TL Ahornsirup*

### AUSSERDEM

*1 TL Sesam für die Garnitur*

*150 g vegane Remoulade oder Mayo (Seite 89) oder Tartarsauce (Seite 88)*

Den Backofen auf 220 °C vorheizen. Den Blumenkohl putzen und in mundgerechte Röschen zerteilen. In einer Rührschüssel für die Panade die Sojamilch mit dem Mehl, der Stärke, den Hefeflocken, dem Salz, den Chiliflocken und beiden Paprikapulvern glattrühren. Die Blumenkohlröschen zugeben und solange umrühren, bis alle Röschen gleichmäßig von dem Teig überzogen sind. Die Panko-Brösel in eine flache Schale füllen und die Röschen darin nacheinander wälzen. Nebeneinander auf ein mit Backpapier belegtes Blech legen und etwa 25 Minuten goldbraun backen, dabei ggf. nach der Hälfte der Backzeit einmal wenden.

Inzwischen für die Glasur alle Zutaten in einer Schale miteinander vermischen. Die noch warmen Cauliflower-Wings sofort mit der Glasur bestreichen und mit dem Sesam bestreuen. Mit der Remoulade zum Dippen servieren.

# MINI SAUSAGE ROLLS

Sausage Rolls gibt es in Brighton fast an jeder Ecke und das auch oft in veganer Variante – mal als Minis oder auch als Giant Sausage Roll. Als kleine Snacks lassen sie sich einfach daheim zubereiten und schmecken zum Beispiel auch kalt gut beim Picknick.

FÜR 24 STÜCK

Zubereitungszeit: etwa 50 Minuten plus 30 Minuten Backzeit

### FÜR DIE FÜLLUNG

- *150 g Tellerlinsen*
- *250 g gemischte Pilze (z. B. Shiitake und Champignons)*
- *1 rote Zwiebel (etwa 80 g)*
- *2 Zehen Knoblauch*
- *3 EL Sonnenblumenöl*
- *2 EL Sojasauce*
- *2 EL dunkler Balsamico-Essig*
- *2 TL getrockneter Majoran*
- *Salz*
- *frisch gemahlener schwarzer Pfeffer*
- *80 g Walnusskerne*
- *2 EL Tomatenmark*
- *2 TL mittelscharfer Senf plus etwas mehr zum Servieren*
- *½ Bund glatte Petersilie*

### AUSSERDEM

- *400 g veganer Blätterteig aus dem Kühlregal*
- *1 EL Sojadrink (oder andere pflanzliche Milch)*
- *1 TL Ahornsirup*
- *Senf und BBQ-Sauce (oder Ketchup) zum Servieren*

Für die Füllung die Linsen nach Packungsanleitung garen. Die Pilze putzen und in etwa 1 cm große Stücke schneiden. Die Zwiebeln und den Knoblauch abziehen und würfeln. Das Öl in einer großen Pfanne erhitzen. Die Pilze darin mit den Zwiebeln und dem Knoblauch etwa 7 Minuten bei mittlerer Temperatur braten. Mit der Sojasauce und dem Balsamico ablöschen und unter Rühren einkochen lassen. Mit dem Majoran, Salz und Pfeffer würzen. Die Linsen untermischen. Die Walnüsse fein hacken und mit dem Tomatenmark und dem Senf untermischen. Die Petersilienblättchen grob hacken und zugeben. Die Füllung auf Wunsch mit dem Stabmixer grob pürieren.

Den Blätterteig auf der Arbeitsfläche ausbreiten und in sechs gleich große lange Streifen schneiden. Je ein Sechstel der Füllung zu einer ebenso langen Rolle formen. Die »Wurst« entlang der längeren Seite jedes Teigstücks mit ½ cm Abstand zum Rand anordnen. Die unbelegten Flächen der Teigstücke mehrmals schräg mit einem Messer einschneiden und über die Füllung klappen. Die Ränder gut festdrücken und jede Rolle in vier gleich große Stücke schneiden, sodass 24 kleine Teigpäckchen entstehen. Auf einem mit Backpapier belegten Blech verteilen. Für die Glasur die Sojamilch mit dem Ahornsirup in einem Schälchen verrühren und die Teigoberflächen damit bestreichen. Etwa 25–30 Minuten goldbraun backen und am besten noch warm mit dem Senf und der BBQ-Sauce zum Dippen servieren. Auch Mango- oder Koriander-Chutney passen gut dazu (Seite 42 und 172x).

# ADRESSEN

Eine kleine Auswahl meiner persönlichen Café-, Restaurant- und Bar-Favoriten in Brighton, in denen man herrlich vegan schlemmen kann. (Stand Mai 2023)

## BREAKFAST & BRUNCH

### 17 Grams

Kleiner Coffee Shop mitten in den Lanes für ein sensationelles veganes Full Breakfast oder zwischendurch für Kaffee und Kuchen

12d Meeting House Ln, Brighton BN1 1HB, Vereinigtes Königreich

### Starfish & Coffee

Sympathisches helles Nachbarschaftscafé, familien- und hundefreundlich mit tollen veganen Brunch-Optionen von Tofy-Benny bis Pancakes

32 Egremont Pl, Brighton BN2 0GA, Vereinigtes Königreich

### Oeuf-Café

Beliebter Brunch-Spot im Stadtteil Hove unweit der Strandpromenade, serviert neben Eierspeisen auch köstliche pflanzenbasierte Gerichte, wie den überraschenden Veganator-Wrap.

8 Third Ave, Hove BN3 2PX, Vereinigtes Königreich

### Wolfox Chapters

Von Kurkuma-Latte, Acai-Bowl, Porridge, Overnight-Oats, Smoothies bis zum Breakfast Hash gibt's hier viele Optionen für einen ausgiebigen veganen Brunch.

31-32 New Rd, Brighton BN1 1UG, Vereinigtes Königreich

### Lost in the Lanes

In der ständig wechselnden kleinen Karte gibt es immer eine feine Auswahl an veganen Leckereien, wie zum Beispiel ein köstliches Avocado-Toast.

10 Nile St, Brighton BN1 1HW, Vereinigtes Königreich

### Munchies' Craft

Lust auf blaue Pancakes mit essbarem Glitzer? Dann ist das der perfekte Ort für euch!

19 Market St, Brighton BN1 1HH, Vereinigtes Königreich

## STREETFOOD

### Smorl's

Der Stand im Brighton Open Market bietet wunderbares Hummus, Falafel, Pita und Salate, alles vegan und hauptsächlich in Bio-Qualität.

Open Market, Marshalls Row, Brighton BN1 4JU, Vereinigtes Königreich

### The Vurger Co.

Britische vegane Burgerkette, die eine Vielzahl an köstlichen Burger-Saucen selbst zubereitet

13 Brighton Pl, Brighton BN1 1HJ, Vereinigtes Königreich

### Oowee

Ebenfalls eine britische vegane Burgerkette. Zusätzlich zu den Burgern gibt's hier auch Fish & Chips und Dirty Fries.

23 Market St, Brighton BN1 1HH, Vereinigtes Königreich

### The No Catch Co

Vegane Fish & Chips in der Nähe vom Brighton Beach mit verschiedenen pflanzlichen Fisch-Varianten, köstlichen Beilagen, wie Mushy Peas, und leckeren Saucen

127a Kings Rd, Brighton BN1 2FA, Vereinigtes Königreich

### Happy Maki

Vegane Sushi-Burrito to go in der Nähe vom Brighton Beach – ideal für ein Strandpicknick

8 Pool Valley, Brighton BN1 1NJ, Vereinigtes Königreich

### Lost Boys Land

Spezialisiert auf Hähnchen-Burger und Chicken-Wings, die Hälfte der Speisekarte ist jedoch vegan! Bietet die Leckereien auch im Pub »The Joker« an.

13 York Pl, Brighton BN1 4GU, Vereinigtes Königreich

### What the Pitta

Zentral gelegen, sehr beliebt, bietet komplett vegane Döner vom Feinsten, inspiriert von einem Rezept aus Freiburg!

14 East St, Brighton BN1 1HP, Vereinigtes Königreich

## SÜSSES & TEATIME

### Terre à Terre

Bereits seit 1993 ein etabliertes vegetarisches Restaurant in Brighton, das zudem eine tolle, vegane Afternoon-Teatime anbietet

71 East St, Brighton BN1 1HQ, Vereinigtes Königreich

### Down to Earth Coffee

Super fluffige vegane Donuts in bunten Farben mitten in der North Laine

19 Kensington Gardens, Brighton BN1 4AL, Vereinigtes Königreich

### Bird & Blend Tea Co

Alles für Teeliebhaber: Tees, eigene Teemischungen und Tee to go

41 Gardner St, Brighton BN1 1UN, Vereinigtes Königreich

### The Flourpot Bakery
Beliebte Bäckerei mit allerlei veganen Leckereien. Mehrere Filialen in der Stadt, besonders nett ist die am Brighton Beach und die in der North Laine.
Kings Road Arches, 85-90, Brighton BN1 2FN, Vereinigtes Königreich
40 Sydney St, Brighton BN1 4EP, Vereinigtes Königreich

### Bäckerei im Infinity Foods
Ein Supermarkt mit riesigem Veggie-Sortiment und einer eigenen Bäckerei mit großer Auswahl an veganem Gebäck
25 North Rd, Brighton BN1 1YA, Vereinigtes Königreich

### Metrodeco
Schicker Ort für eine vegane Afternoon-Teatime mit allem Drum und Dran
38 Upper St James's St, Brighton BN2 1JN, Vereinigtes Königreich

### The Grand Brighton
In dem Hotel kann man ebenfalls im eleganten Ambiente Tee schlürfen und vegane Leckereien schlemmen.
97-99 Kings Rd, Brighton BN1 2FW, Vereinigtes Königreich

### Regency Route Masters
Eine außergewöhnliche Möglichkeit für Afternoon-Tea während einer Fahrt mit einem doppelstöckigen Vintage-Bus
Online buchbar auf: brightonregencyroutemaster.co.uk

## LUNCH & DINNER

### Bonsai Plant Kitchen
Kreative feine Gerichte inspiriert von der südostasiatischen Küche – komplett vegan. Tolle Drinks gibt es ebenfalls.
44-45 Baker St, Brighton BN1 4JN, Vereinigtes Königreich

### Kusaki
Japanisch inspiriertes Fine-Dining, minimalistische Inneneinrichtung, komplett vegan – leckere Drinks werden hier auch gemixt.
5-6, Circus Parade, New England Rd, Brighton BN1 4GW, Vereinigtes Königreich

### Manju's
In dem kleinen indischen Restaurant steht immer noch die 86-jährige Manju in der Küche – kleine Karte mit einigen veganen Köstlichkeiten.
6 Trafalgar St, Brighton BN1 4EQ, Vereinigtes Königreich

### The Chilli Pickle
Modernes und buntes indisches Restaurant – hier wird auf sehr hohem Niveau gekocht, das vegane Thali ist phänomenal.
17 Jubilee St, Brighton BN1 1GE, Vereinigtes Königreich

### Indian Summer
Zentral gelegenes, etabliertes und beliebtes indisches Restaurant mit vielen veganen Optionen
70 East St, Brighton BN1 1HQ, Vereinigtes Königreich

### Botanique
Veganes Fine Dining in ungezwungener Atmosphäre – kleine feine Gerichte zum Teilen, oft mediterran inspiriert
31a Western Rd, Hove BN3 1AF, Vereinigtes Königreich

### Food for Friends
Etabliertes vegetarisches Restaurant seit 1981 mit einer Vielzahl an veganen Gerichten
17-18 Prince Albert St, Brighton BN1 1HF, Vereinigtes Königreich

### The Flint House
Kreative Gerichte mitten in den Lanes – spannende vegane Auswahl
13 Hanningtons Ln, Brighton BN1 1GS, Vereinigtes Königreich

### Purezza
Komplett vegane Pizzeria, die auch ihren pflanzlichen Käse selbst herstellt
12 St James's St, Brighton BN2 1RE, Vereinigtes Königreich

### The Roundhill
Toller Ort, um einen veganen »Sunday Roast« zu probieren, auch sonst ist die Küche in dem gemütlichen Gastro-Pub komplett vegan.
100 Ditchling Rd, Brighton BN1 4SG, Vereinigtes Königreich

## PUBS & BARS

### The Joker
Gemütlicher Pub mit einer Auswahl an Bier, Cider und kreativen Cocktails. Dazu gibt es vegane Chicken-Wings zum Snacken von den »Lost Boys«.
2 Preston Rd, Brighton BN1 4QF, Vereinigtes Königreich

### Beelzebab
Imbiss-Wagen mit veganem Döner, Fritten und Hotdogs im alternativen und bunten Pub »The Hope and Ruin«
11-12 Queens Rd, Brighton BN1 3WA, Vereinigtes Königreich

### The Plotting Parlour
Lauschige Bar für einen Abend zu zweit oder in kleiner Gruppe mit kreativen Cocktails und angenehmer Musikauswahl
6 Steine St, Brighton BN2 1TE, Vereinigtes Königreich

### The Golden Pineapple
Zentral gelegene Cocktailbar, die auf Drinks mit Tequila und Mezcal spezialisiert ist
14 Ship St, Brighton BN1 1AD, Vereinigtes Königreich

### Gungho!
Spannende Drinks in einer kleinen, nachhaltigen Cocktailbar – mit und ohne Alkohol
36 Preston St, Brighton BN1 2HP, Vereinigtes Königreich

### Lucky Khao
Nordthailändische Küche mit wenigen, leckeren veganen Optionen und asiatisch inspirierten Drinks
1d St James's St, Brighton BN2 1RE, Vereinigtes Königreich

# REGISTER

## DANK

Meine kulinarische Entdeckungsreise wurde umso lustiger durch Iris Exner und Klaus Bäsel, die mit mir spontan nach Brighton gereist sind. Danke, dass ihr mich geduldig und tatkräftig beim Erkunden der Stadt und beim Ausprobieren der unglaublich vielen veganen Leckereien unterstützt habt! Meinem Mann Klaus gilt besondere Anerkennung: Danke, dass du mich auch bei meinem dritten Kochbuch-Abenteuer begleitet hast mit deinen Foto-Ideen und Zuspruch in schwierigen Momenten. Für weiteren emotionalen Support und der Hilfe beim Verkosten einiger Gerichte danke ich zudem meinen Eltern Galina & Andrzej Plumbaum und meinen Freunden Daniel Schwalm, Christina Mayrhofer und Elsa Roos.

Und nicht zuletzt großen Dank an das ganze Team vom Christian Verlag, die es mir ermöglicht haben an diesem spannenden Kochbuch zu arbeiten – insbesondere an Johanna von Pechmann, die das Projekt nicht nur angestoßen, sondern von Anfang bis Ende toll betreut hat. Danke für das Vertrauen und die Freiheiten, die ich bei der Umsetzung des Themas hatte!

## ÜBER DIE AUTORIN

Anna Plumbaum ist freie Rezeptentwicklerin, Autorin und Fotografin. Sie arbeitete mehrere Jahre als Food-Redakteurin, bevor sie sich 2016 selbstständig machte. Drei Jahre lang lebte sie in Kambodscha und erkundete von dort aus die spannenden Länder und quirligen Straßenküchen Südostasiens. Ihr Fokus liegt auf der veganen und vegetarischen Küche, oft mit asiatischem Einschlag. Über Reisen und kulinarische Entdeckungen bloggt sie auf baernd.de

# IMPRESSUM

Verantwortlich: Johanna von Pechmann
Layout und Satz: Silke Schüler
Lektorat: Bettina Spangler
Korrektorat: Una Giesecke
Umschlaggestaltung: Regina Degenkolbe unter Verwendung eines Fotos von Anna Plumbaum
Repro: LUDWIG:media
Herstellung: Julia Hegele

Printed in Poland by CGS Printing

Texte, Rezepte und Illustrationen: Anna Plumbaum
Fotografie: Anna Plumbaum & Klaus Bäsel

Unser komplettes Programm finden Sie unter

www.christian-verlag.de


In diesem Buch wird aus Gründen der besseren Lesbarkeit das generische Maskulinum verwendet. Weibliche und anderweitige Geschlechteridentitäten werden dabei ausdrücklich mitgemeint, soweit es für die Aussage erforderlich ist.

★★★★★

**Sind Sie mit diesem Titel zufrieden?**
**Dann würden wir uns über Ihre Weiterempfehlung freuen.** Erzählen Sie es im Freundeskreis, berichten Sie Ihrem Buchhändler oder bewerten Sie bei Onlinekauf. Und wenn Sie Kritik, Korrekturen, Aktualisierungen haben, freuen wir uns über Ihre Nachricht an Christian Verlag, Postfach 40 02 09, D-80702 München oder per E-Mail an lektorat@verlagshaus.de.

Die Deutsche Nationalbibliothek verzeichnet diese Publikation in der Deutschen Nationalbibliografie; detaillierte bibliografische Daten sind im Internet über http://dnb.d-nb.de abrufbar.

**Bildnachweis**
Alle Bilder des Innenteils stammen von Anna Plumbaum.


Infanteriestraße 11a
80797 München



ISBN 978-3-95961-822-9

# Ebenfalls erhältlich ...

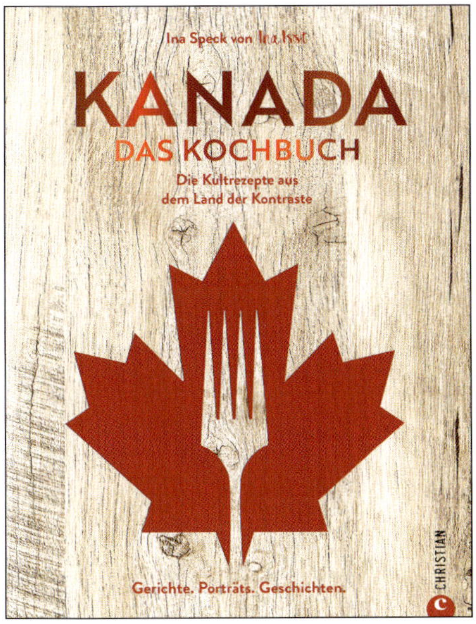


ISBN 978-3-95961-735-2

ISBN 978-3-95961-737-6

ISBN 978-3-95961-801-4

ISBN 978-3-95961-784-0